AF453819

RECUEIL
DE
DIVERS
OISEAUX

ETRANGERS ET PEU COMMUNS

QUI SE TROUVENT

DANS LES OUVRAGES

DE MESSIEURS

EDWARDS ET CATESBY

REPRESENTE'S EN TAILLE DOUCE

ET EXACTEMENT COLORIES

PAR

JEAN MICHEL SELIGMANN.

Troisiéme Partie.

A NUREMBERG,

Chez les Heritiers de Seligmann,

1770.

Der aſchfarbe Büſſaar.

G. Edwards ad viv. delin.

J. M. Seligmann sculps. et excud. Norim.

Buteo cinereus.

Cum Privil. Sac. Caes. Maj.
N⸱ J. III. Thl.

La Buze Cendrée

LA BVZE CENDRE'E.

C'eſt ainſi que j'ai nommé cet Oiſeau, parce qu'il approche beau‑
coup de notre *Buzard*, & pour la taille & pour la grandeur, &
auſſi par rapport à la couleur, quoiqu'ils different à divers égards:
ce qui fait voir qu'il différe ſpécifiquement de notre *Buzard Anglois*,
décrit dans *l'Ornithologie de Willoughby*, pag. 70. Tab. VI. Celui‑ci me pa‑
roit de ſa groſſeur d'une poule moyenne, ou de ſon coq, & pour ce qui
eſt de la taille et des proportions, j'ai tâché de les exprimer de mon mieux
dans la figure ci‑jointe.

Le bec eſt d'une couleur bluâtre plombée, couvert d'une peau de
même couleur; il a, des narines juſqu'à la pointe, un pouce et un quart;
des angles de la bouche juſqu'au bout du bec, deux pouces: la têté et le
devant du cou ſont couverts de plumes, qui ont au milieu des taches d'un
brun foncé, les autres plumes étant blanches, ce qui fait un contraſte aſſez
agréable avec les taches brunes. Des angles de la bouche deſcend de cha‑
que côté, ſous les yeux, une ligne ſombre, les taches brunes ſur la poi‑
trine ſont plus grandes que celles de la tête; les côtez & le ventre ſont cou‑
verts de plumes d'un brun foncé, marquées de taches rondes au ovales de
blanc; les cuiſſes ſon couvertes de plumes blanches douces & détachées, avec
de longues couches de brun aſſez irreguliéres le long des dites plumes; les plu‑
mes de couverture au deſſous de la queuë ſont barrées transverſalement de blanc
& de noir; & le deſſus univerſellement, le cou, le dos, les âiles, & la queuë,
couverts de plumes cendrées tirant ſur le brun; plus foncées vers leur milieu,
leurs bords devenant graduellemenr plus clairs, ce qui eſt encore plus ſenſible
dans les plus petites plumes de couverture des âiles, leurs bords étant preſque
blancs. La barbe exterieure de la premiere grande plume eſt tachetée d'une
couleur claire; la barbe en dedans au deſſous eſt de couleur cendrée, echan‑
crée de blanc très‑diſtinctement; dentelure qui diminuë peu à peu & ſe rompt
à la douzieme plume, où elle diſparoit entierement, le reſte des plumes en de‑
dans étant cendrées. Les plumes de couverture au deſſous des âiles ſont d'un
brun ſombre & terni, marqueté de taches blanches. Le deſſus de la queuë
eſt barrée en travers de lignes étroites de couleur d'argile; comme ſont auſſi
les plumes qui couvrent cet endroit. Le deſſous de la queuë eſt cendré & barré
en travers de blanc. Les jambes & les piez ſont d'une couleur bluâtre cendrée;
les griffes noires, le devant des jambes couvert de plumes ſombres juſqu'à la
moitié des piez.

Cet Oiſeau fut ſapporté de la *Baye de Hudſon* par Monſieur *Alex. Light*,
qui m'en fit préſent. Ce n'eſtoit qu'une peau remplie, mais bien préſervée.
Il me dit que ſa principale proye étoit le *Lagopus Avis*, connu dans ces pays‑là
ſous le nom de *Perdrix blanche*, que j'ai placée ſous ſa griffe par maniere de
décoration; mais comme je lui deſtine une planche particuliere, je me conten‑
terai d'avertir le lecteur, que je n'ai figuré ici cette perdrix qu'en habit d'hy‑
ver, c'eſt à dire toute blanche, excepté quelques plumes noires à la queuë.
La Figure qu'on trouvera ci‑deſſous No. LXXII. la dépeindra comme elle pa‑
roit au printemps, lorſqu'elle change de blanc en brun, ou rouſſâtre. *Edvvards.*

LE MARTINET COULEUR DE POURPRE.

Cet Oiseau est plus gros que nôtre Martinet ordinaire. Il est entierement d'uu violet foncé & brillant. Ses aîles & sa queuë sont plus foncées que le reste, & presque brunes. Ils font leurs petits comme les pigeons, dans des trous, qu'on fait exprès pour eux autour des maisons, & dans des calbasses attachées à de grandes perches; car ils sont fort utiles aux envi-rons des maisons & des cours, d'ou ils chassent les corneilles, les oiseaux de proye & les bestes qui detruiroient la volaille. Ils se retirent aux appro-ches de l'hyver de la Virginie & de la Caroline & y retournent au printems.

Smilax (forte·) lenis, folio anguloso hederaceo.

Les tiges de cette plante font fort menûës. Elles montent contre les mu-railles des vieilles maisons; & s'entortillent autour des arbres & des poteaux. Ses feuilles ressemblent à celles du lierre commun. Je n'ay jamais vû ses fleurs. Elle porte des grappes de bayes rouges grosses, à peu près comme de petits pois.

Catesby.

M. Catesby ad viv. delin.   F. M. Seligmann sculps. et excud. Noriub.

Cum Privil. Sac. Caes. Majestatis.

Hirundo purpurea.   N.º 2. III Theil   Martinet couleur de poupre.

Der gehäubte röthlichtbraune Neuntöder.

La PIE-GRIECHE-ROVSSE, hupée.

Cet Oifeau eft ici figuré de fa grandeur naturelle, étant de la taille & de la forme & en partie de la couleur de la femelle du *Lanius* ou *Boucher*, decrit par *Willoughby*, pag. 89. Le bec eft affez reffemblant à celui du *Faucon*, mais plus long & un peu crochu, ayant des angles de chaque côté pres de la pointe de la mandibule fuperieure, de couleur de chair à la bafe, mais qui par degrez degenere en noir vers la pointe. A côté de chaque oeil, par derriere, il a une tache noire en forme de demi-lune; autour de la bafe de la mandibule fuperieure du bec, il a des foyes noires hériffées comme des barbes. La houpe, ou couronne de la tête, eft d'une couleur rougeâtre, qui paroit dans l'Oifeau mort comme on l'a reprefenté dans la planche; le deffus du cou, du dos, du croupion & de la queuë eft rouge, ou rouffâtre, moins brillant que celui de la houpe: les côtez de la tête autour des yeux, la gorge, la poitrine, le ventre, les cuiffes & les couvertures fous la queuë, font d'une couleur d'orange pâle & terni, avec des lignes fombres en travers; les aîles brunes; les grandes plumes, un peu plus fombres que les couvertures, toutes bordées d'un brun plus clair; les jambes, les piez, & les griffes, noires; le deffous de la queuë, d'une couleur d'argile, les plumes du milieu, encore plus longues; les plumes de côté s'accourciffant par degrez, comme dans les *Pies*. Comme cet Oifeau reffemble affez à la femelle du *Lanius*, dont on a parlé, j'ai cru qu'il faloit indiquer en quoi ils diffèrent. Celui-ci a une efpece de houpe; l'autre n'en a pas même l'apparence; celui-ci a une grande tache noire derriere l'oeil; & l'autre non: celui-ci a tout le côté de deffous d'un jaune rougeâtre avec des barres transverfales, & l'autre a tout le deffous d'un blanc fale, avec des taches en forme de demi-lunes: celui-ci a le dos d'un brun très-rouge fans aucunes marques; & l'autre d'un brun cendré avec des barres de couleurs plus claires, ou plus fombres. Mais à l'egard du Bec, des Aîles & des piez, c'eft à peu près la même chofe dans l'un & dans l'autre.

Cet Oifeau fut envoyé de *Bengale* à Monfieur *Dandridge* demeurant à *Londres* dans les *Morfields*. On le nomme dans les lieux d'où il vient, *Charah*. Mais en *France* ce genre d'Oifeaux porte le nom general de *Pie Griéche*. (c'eft â dire, *Mauvaife*.) Voyez un livre d'Oifeaux deffinez tresproprement & publiez par *N. Robert*, un des Peintres du Cabinet, fous le regne de *Louis* XIV. Tab. IV. où plufieurs efpeces de ce genre font figurées très-exactement. *Edvvards*.

4

LE PRENEUR DE MOUCHES huppé.

Il pefe une once. Son Bec eft noir & large. Le deffus de fon Corps eft d'un vert fombre: fon cou & fa Poitrine couleur de plomb; fon ventre jaune; fes ailes font brunes & ont la plus - part des grandes plumes bordées de rouge. Les deux plumes du milieu de la queuë font toutes brunes ; & les franges interieures des autres plumes de fa queuë font rouges. Les Jambes & fes Pieds font noirs. Ils fait fes petits a la Caroline & a la Virginie ; mais ils fe retire en hyver. Il femble par les cris defagreables de cet Oifeau, qu'il eft toûjours en querelle & ne fe plaît avec aucun autre.

Smilax Bryoniae nigrae foliis , caule fpinofo , baccis nigris.

Cette Plante pouffe plufieurs tiges épineufes pliantes & noueufes. Quand elles ont pris leur entier accroiffement elles font de la groffeur d'un Canne, & s'élevent ordinairement à la hauteur de vingt piez en montant & s'attachant avec fes mains fur les arbres & les buiffons qui font proches. En automne elle produit des grappes de bayes rondes & noires, qui font attachées à une tige longue d'environ trois pouces. Chaque baye contient une femence ronde très dure. Les racines de cette plante font tubereufes, divifées en plufieurs noeuds. Quand on la tire de terre, elles font tendres & pleines de Suc; mais elles deviennent à l'air auffi dures que du bois. Les habitans de la Caroline font de ces racines une boiffon à laquelle ils attribuent de grandes vertus, comme de purifier le fang &c. Au printems ils font auffi bouillir les rejettons de cette plante & les mangent comme des Afperges. On l'apelle en ce païs la racine de la Chinefe.

Catesby.

M. Catesby ad viv. delin.

Cum Priv. Sac. Caes. Maj. statis.

N.° 4 III Theil.

J. H. Schumann sculps. et excud. Norimb.

Muscicapa cristata ventre luteo.   Les preneur de Mouches huppé

G. Edwards ad viv. delin.   Cum Privil. Sac. Caes. Majest.   J. M. Seligmann sculps. et excud.
Lanius minimus.   N.o 5. III Theil.   La petite Pie-Griéche.

LA PETITE PIE - GRIECHE.

Cet Oiseau a déja été figure & decrit superficiellement par *Albin*, mais en examinant sa figure & sa description, j'ai trouvé dans l'une & dans l'autre tant d'inexactitude, que j'ai jugé à propos, l'Oiseau étant peu connu en *Europe*, de lui donner une figure & une description plus parfaites : à quoi j'ai ajouté sa femelle, qui, je croi, n'a jamais été figurée. *Albin* nomme cet Oiseau *Beardmanica*, ou *Mesange barbue*; mais comme dans tous ses caracteres, il a plus de rapport à la *Pie - Grieche*, ou *Lanius*, j'ai conclu que ce ne peut être qu'une espece de ce genre.

Ces deux Oiseaux sont ici representez de leur grandeur naturelle: la figure qui est au bas de la planche est le Mâle. Il a le bec un peu en arche, comme les autres de ce genre, d'une belle couleur d'Orange clair. Je n'ai point apperçu d'angle dans le bec. Le cercle, qui est autour de l'oeil est d'un Orange brillant: Dès la base du bec il y a une barre noire, qui environne l'oeil & qui se termine en bas au dessous de l'oeil même en pointe, comme il est marqué dans la figure : la gorge & les côtez de la tête sont blancs, & ce blanc fait le tour de la barre noire sus - mentionnée; la couronne de la tête est d'un cendré bluâtre, la poitrine est legerement teinte de couleur de rose pâle ; le ventre est d'abord blanchâtre, les cuisses & ce qui est vers l'anus étant plus sombres; les côtez sous les aîles sont nuancez d'Orange ; les couvertures sous la queuë, noires; le dessus, le cou, le dos & la queuë, d'un rouge brun, tirant sur l'Orange ; les grandes plumes des aîles sont noires, bordées de blanc; les plumes interieures près du dos, noires, bordées d'Orange; les deux qui sont le plus en dedans, excepté une, ont leur barbes interieures blanches, la derniere & la plus interieure des grandes plumes, tout à fait blanche; la premiere rangée des plumes de couverture superieures des aîles répondent exactement pour la couleur aux tuyaux qu'elles couvrent, quoique par rapport à leur Orangé, il soit plus foncé vers les extrémitez que celui des tuyaux, ce qui forme une barre d'Orange à travers les aîles ; les petites couvertures sont noires ; le bord de l'aîle est blanc; les couvertures en dedans, pour les aîles, sont d'un blanc qui tire vers le jaune; entre le dos & les couvertures superieures de l'aile il y a quelques plumes entremélées d'un blanc clair. La queuë consiste en douze plumes, longues au milieu, raccourcies graduellement vers les côtez jusqu'à diminuer de la moitié de la longueur des mitoyennes. La queuë par enbas diminuë de son Orangé jusqu'à la couleur de cendres: les jambes & les piez sont noirs. La *Femelle* differe du Mâle en ce qu'elle n'a point de tache noire autour des yeux; les couvertures sous la queuë sont d'un brun clair ; les plumes mitoyennes de la queuë comme celles du Mâle: celles de côté sont noires, avec des pointes de blanc assez profondes. Le sommet de la tête est d'un brun terni, quoique bluâtre dans le Mâle; le dos est parsemé de petites taches sombres, un peu allongées. La pointe du bec est noire. Elle n'a point sur la poitrine cette teinture de couleur de rose ; mais à tout autre égard elle ressemble au Mâle & pour la taille & pour la couleur.

Pour ce qu'ajoute le Sr. *Albin*, du soin que le Mâle prend de couvrir sa femelle de son aîle, lorsqu'ils reposent, c'est un fait assez répendu. La Comtesse d'ALBEMARLE rapporta avec elle de *Copenhague* une grande cage toute pleine de ces Oiseaux, lorsqu'elle se fut acquittée de la commission honorable qu'elle avoit reçue d'accompagner jusques-là une de nos Princesses, qui devoit épouser le Prince Royal à present Roy de *Danemark* en 1733. La Comtesse à son retour me fit la grace, de m'accorder la vuë de ces Oiseaux, & depuis ce tems - là j'en ai vû plusieurs autres, tant mâles que femelles, tous tuez ici parmi les rozeaux dans des endroits marécageux au voisinage de *Londres*, quoiqu'ils y soient encore assez peu connus pour n'avoir point de nom dans le pays.

Mr. *Albin* a décrit & figuré ces deux Oiseaux Mâle & Femelle dans une seule planche, qui est à la page 53. de son III. Volume, sous le nom de *Mountain-Tits*, qu'ils avoit eus des desseins du Chev. *Th. Lovvther*; que je croi ne pouvoir être que son *Bearded-Tit-mouse*, ou *Mesange barbue*, *Beardmanica*, que vous trouverez dans son *Hist. des Oiseaux*, Vol. I, p. 46. Je me suis d'autant plus confirmé dans cette opinion, que j'en ai vû, je crois, le dessein original, qui est à présent dans la collection du celebre Dr. MEAD, Medecin du Roi. *Edvvards*.

LE PRENEUR DE MOUCHES noirâtre.

Le Bec eſt large & noir. Le deſſus de ſa Tête eſt d'un noir foncé. Son Dos, ſes Aîles & ſa Queuë ſont bruns ; ſa Poitrine & ſon Ventre blancs, avec une nuance d'un verd jaunâtre. Ses Jambes & ſes Piéz ſont noirs. La Tête du mâle eſt d'un noir plus foncé que celle de la fémelle ; & ils ne different que par là. Il ne me ſouvient pas d'avoir vû aucuns de ces Oiſeaux pendant l'hyver. Ils ſe nouriſſent de mouches & d'autres inſectes, & font leurs petits à la Caroline.

Gelſeminum, ſive Jaſminum odoratum Virginianum
ſcandens, ſemper virens. *Park. Theat.* p. 1465.

Cette Plante croît ondinairement dans un terroir humide. Ses branches ſont ſoutenuës par les arbres & les buiſſons voiſins, ſur leſquells elle monte. Ses feuilles ſont rangées l'une vis à vis de l'autre depuis les aiſſelles des tiges juſqu'à leur extremité. Les fleurs naiſſent entre la tige & la branche. Elles ſont jaunes & tubuleuſes. Leurs extremites ſont découpées en cinq parties. Les Semences ſont plates, aîlées d'un côté, renfermés dans une Capſule ob-longue, terminée en pointe. Lorſque les ſemences ſont meures cette Capſule s'ouvre en ſe retirant vers la tige, & les laiſſe tomber. L'odeur de ces fleurs eſt la même que celle de violettes jaunes. Cette plante eſt rare à la *Virginie*, mais on la trouve par tout à la *Caroline.* Il y en a auſſi chez Monſieur *Grays* à *Fulham*, ou elles ſont en ſi bon état, qu'il paroit bien, que nôtre terroir & nôtre climat ne leur ſont pas contraires. Quoique *Mr. Parkinſon* appelle cette Plante, *ſemper virens*, j'ai toûjours trouvé qu'elle perdoit ſes feuilles en hyver.

Catesby.

Schwarzer Fliegenstecher.
Tab. VI.
Gelseminum sive Jasminum luteum,
odoratum Virginianum scandens
semper virens. Pluck. Thuat pag 145.
M. Catesby ad vivum delin.
Gen. Priv. Sac. Caes. Majestat.
N.º 6. III. Theil
I. M. Seligmann excud. Norimbergae
Muscicapa Nigrescens.
Preneur de Mouches noirâtre.

Tab.VII
Der indianische Neuntöder mit dem gabelförmigen Schwanz.

G. Edwards ad viv. delin.
Cum Priv. Sac. Caes. Majestatis.
J. M. Seligmann sculp. et excud.
Lanius cauda forcipata.
Nr. 7. III Theil
La Pie des Indes, à queuë fourchuë.

La PIE des Indes a queuë fourchuë.

De la ſtructure du bec, des ſoyes qui ſortent de la baſe, & de la force de ſes jambes, je me ſuis determiné à donner à cet Oiſeau le nom qu'on voit ſur l'etiquette, quoique la queuë ſoit toute contraire à la taille de celle du *Lanius*, ou *Pie - Grièche*, celle - ci ayant ſes plus longues plumes aux côtez, & les plus courtes au milieu.

Cette planche vous préſente la figure de l'Oiſeau, tirée auſſi approchant de ſa groſſeur naturelle, qu'il m'a été poſſible de le faire à l'oeil. Car comme il étoit renfermé dans un verre bien clos, je n'ai pu prendre une meſure exacte de ſes parties. Il a un bec épais, fort, un peu en arche, à peu près comme celui du *Faucon*, mais qui ne déborde pas tant, quoique plus long à proportion de la groſſeur, avec des narines aſſez grandes. La baſe de la mandibule ſuperieure a pluſieurs poils rudes tout autour qui avancent vers le bec; & l'une & l'autre mandibule ſont d'un brun ſombre ou noir; plus clair vers la baſe, mais toujours plus foncé graduellement vers la pointe.

Toute la tête, le cou, le dos & les couvertures des aîles ſont d'un noir luiſant avec des reflets de bleu, de pourpe & de verd, ſelon qu'ils ſont tournez ou expoſez à differents jours. Les grandes plumes avec quelques unes du premier rang des couvertures au deſſus, ſont d'un noir de fer, ſans aucun luſtre, quoique les plumes près du corps ſoient de la couleur de la tête & du dos. Les plumes de la queuë ſont plus courtes au milieu que ſur les côtez, ce qui la fait paroître notablement fourchuë, le tout d'un noir ſombre & ferragineux, excepté les deux extremes qui ſont tachetées d'un blanc terni. La poitrine eſt d'un cendré obſcur tirant ſur le noir. Tout le ventre, les cuiſſes, & les couvertures ſous la queuë, ſont blanches. Les côtez & les cuiſſes ſont un peu nuancées de taches ſombres: les jambes, les piez & les grifes ſont d'une couleur obſcure & noirâtre.

J'étois en doute ſi je devois ranger cet Oiſeau avec nos *Lanius*, ou *Arnéats*, ou avec le genre des *Pies*, car il paroit y avoir beaucoup d'affinité entre les uns & les autres; & je crois même qu'on pourroit ranger la *Pie* avec aſſez de raiſon dans le genre des *Lanius*, puiſqu'ils conviennent preſque à tous égards, quoiqu'aucun Anglois ne l'ait remarqué. Cependant les François, en leur donnant à tous le nom de *Pies*, ſemblent avoir mieux découvert la conformité qu'il y a entre leurs natures. Je compte cet Oiſeau au nombre de ceux qui n'avoient pas été encore décrits. Il eſt dans la collection de Mr. *Dandridge*, dont le caractere tout obligeant m'a déja donné tant d'occaſions de le nommer. Il nous eſt venu de *Bengale*, où les gens du pays lui ont impoſé le nom de *Fingah*. *Edvvards*.

8

LE PETIT PRENEUR DE MOUCHES brun.

Cet Oiſeau peſe trois dragmes. Son Bec eſt fort large & plat. La Mandibule ſuperieure eſt noire, l'inferieure jaune. Tout le deſſus de ſon
Corps eſt couleur de cendres foncé. Ses Aîles ſont brunes, excepté que quelques unes des plus petites plumes ſont bordées de blanc. Tout le deſſous
de ſon corps eſt d'un blanc ſale, avec une nuance de jaune: Ses Jambes &
ſes Piez ſont noirs.

MUSCICAPA OCULIS RUBRIS
Le Preneur de Mouches aux yeux rouges.

Cet Oiſeau peſe un peu plus de trois dragmes. La moîtié de ſon Bec eſt
couleur de plomb. L' Iris de ſes Yeux eſt rouge. Depuis le Bec juſqu' au
deſſus des Yeux s'étend une rayé d'un blanc ſale, bordée d'une ligne noire
par haut. Le deſſus de ſa Tête eſt gris; & tout le reſte, juſqu'à la queuë
eſt verd. Son Col, ſa Poitrine, & ſon Ventre ſont blancs, ſes Jambes &
ſe Piez rouges. Ces deux dernieres eſpèces de *Preneurs de Mouches*, font
leurs petits à la *Caroline* & ſe retirent vers le ſud en hyver.

Arbor lauri folio, floribus ex foliorum alis pentapeta-
lis, pluribus ſtaminibus donatis.

Cet Arbriſſeau a le tronc fort menu. Il s'éleve ordinairement à la hauteur de huit ou dix pieds. Les feuillës reſſemblent à celles du poirier; &
ſont diſpoſées alternativement ſur des tiges d'un pouce de long. Il ſort d'entre
les feuilles de petites fleurs blanchâtres, compoſées de cinq feuilles, du milieu deſquelles ſortent pluſieurs longues têtes jaunes. On ſe ſert de la racine de cette plante en decoction, & on lui attribue la vertu de purifier le ſang
& de fortifier l'Eſtomac. Je n'en ay point vû le fruit. Cette plante croît
dans des bois marecageux & couverts, dans les endroits le plus bas de la
Caroline.

Catesby.

Muscicapa fusca.
Petit Preneur de Mouches brun.

Cum Priv. Sac. Caes. Majest.

No. 8. III Theil

Muscicapa oculis rubris
Preneur de Mouches aux yeux rouges

Der grosse gefleckte Guckguck.

Cuculus fulvus, maculatus.

N.o. O. III. Theil.

Le Grand Coucou tacheté.

LE GRAND COVCOV TACHETE.

Cet Oiſeau , (pour le comparer en grandeur à ce qui eſt bien connu parmi nous,) eſt de la groſſeur de la *Pie* ou du *Geay;* c'eſt le plus grand des quatre ſortes de Coucous , dont j'ai des deſſeins d'après nature dans ma collection, & dans ſes couleurs & ſes taches il eſt le plus bel Oiſeau de ſon genre que j'aie jamais ou vu, ou trouvé décrit par nos Auteurs. Voyez les deux ſortes qu'on en trouve décrites & figurées dans *l'Hiſtoire Naturelle de la Jamaique* de Monſ. le Cheval. *Hans Sloane*, Vol. II. p. 312. 313. Tab. 258. & une autre ſorte dans *l'Hiſtoire Naturelle de la Caroline* de M. *Catesby*. Vol. I. p. 83.

Il a bec noir & aſſez fort, un peu long à proportion de ſon épaiſſeur, & un peu courbé en bas, finiſſant en pointe : la mandibule inférieure a une eſpece d'angle au deſſous; le bec entier eſt d'une couleur noire : des angles de la bouche de chaque côté, s'étend juſqu'au derriere de la tête une barre noire, plus étroite aux extrémitez & plus large au milieu, dans laquelle ſont placez les yeux: la couronne de la tête eſt couverte de plumes douces, d'un bleu cendré, qui par leur longueur & leur liberté paroiſſent former comme une eſpece de hupe: tout le côté de deſſus, le cou, le dos, les aîles & la queuë, ſont couvertes de plumes d'un brun obſcur ; les plus grandes & la queuë étant les plus foncées & approchantes de noir. Toutes les plumes de l'aîle, excepté les plus grandes, ſont pointillées de blanc & d'un cendré très clair, comme le ſont auſſi les couvertures ſuperieures de la queuë: les deux plumes mitoyennes de la queuë ſont entierement obſcures ; toutes les plumes de côté , comme elles s'accourciſſent par degrez en longueur, les taches blanches s'augmentent auſſi par degrez en profondeur vers leurs extremitez. Le côté d'en bas, depuis les côtez de la tête & de la gorge juſqu'à la poitrine, eſt d'un brun aſſez vif, tirant ſur l'Orange; laquelle couleur ſe change par degradation ſur le ventre & ſur les cuiſſes en un brun terni & jaunâtre, & finit dans les couvertures ſous la queuë. Le côté en dedans des plumes de l'aîle & le deſſous de la queuë ſont d'une couleur cendrée & plus claires qu'elles ne le ſont au deſſus, les jambes ſont courtes a proportion de l'Oiſeau; les orteils ſont appuyez deux devant & deux derriere ; il a les griffes noires & aſſez fortes ; & ſes jambes & ſes piez ſont couverts de noires ecailles.

Je m'imagine que cet Oiſeau habite alternativement les parties méridionales de *l'Europe* & les Septentrionales de *l'Afrique* puiſqu'il fut tué dans ſon prétendu paſſage ſur un rocher de *Gibraltar*, en *Eſpagne*, par un Officier *Anglois* en garniſon dans ces quartiers-là, qui l'envoya à Mr. *Catesby* ſon frere à *Londres*, de qui je l'ai recu en préſent, pour en faire ce que je trouverois à propos. *Edvvards.*

TAB. X.

LE TYRAN.

Son bec eſt large, plat, & va en diminuant. Il a ſur la Tête une tache rouge fort brillante, entourée de plumes noires, qui en ſe ſerrant cachent cette tache; qui reparoit avec eclat lorsque ces plumes s'etendent, comme au *Roitelet huppé*. Son Dos, ſes Aîles & ſa Queue ſont brunes, ſon Col, ſa Poitrine & ſon ventre blancs; ſes Jambes & ſes Piéx noirs. On ne voit que peu ou point ide différence entre le mâle & la fémelle. Il paroit à la *Virginie* & à la *Caroline* vers le mois d'Avril. Il y fait ſes petits, & ſe retire au commencement de l'hyver. Le courage de ce petit oiſeau eſt remarquable. Il pourſuit & met en ſuite tous les Oiſeaux petits ou grands qui s'approchent de l'endroit qu'il s'eſt choiſi. Aucun n'échappe à ſa furie; & je n'ay pas même vû que les autres Oiſeaux oſaſſent lui reſiſter, lorsqu'il vole; car il ne les attaque point autrement. J'en vis un, qui s'attacha ſur le dos d'un Aigle, & le perſecutoit de maniére que l'Aigle ſe renverſoit ſur le dos, & tâchoit de s'en delivrer, par les differentes poſtures où il ſe mettoit en l'air; mais enfin il fut obligé de s'arrêter ſur le haut d'un arbre voiſin, jusqu'à ce que ce petit tyran fut las, ou jugêat à propos de la laiſſer. Voici la manoeuvre ordinaire du mâle tandis que la fémelle couve. Il ſe perche ſur la cime d'un buiſſon ou arbriſſeau près de ſon nid ; & ſi quelque petit oiſeau en approche, il lui donne la chaſſe: Mais pour les grands, comme les corbeaux, les Faucons & les Aigles, il ne leur permet pas de s'approcher de lui d'un quart de mille ſans les attaquer. Son chant n'eſt qu'une eſpèce de cri qu'il pouſſe avec beaucoup de force pendant tout le tems qu'il ſe bat: Lorsque ſes petits ont pris leur volée, il redevient auſſi ſociable que les autres Oiſeaux. Comme il a le bec tendre, il ne ſe nourrit que d'inſectes. Il eſt doux & ſans malice. Il fait ſon nid tout à decouvert ſur des arbriſſeaux, & dans des buiſſons & ordinairement ſur le *Saſſafras*.

Cornus mas odorata, folio trifido margine plano,
Saſſafras dicta. *Pluk. Almag.*

Cet arbre eſt d'ordinaire petit. Son Tronc n'a guère plus d'un pied de diametre. Ses feuilles ſont diviſées en trois lobes par des entailleures fort profondes. Il pouſſe au mois de Mars des bouquets de petites fleurs jaunes, compoſées de cinq feuilles. Elles ſont ſuivies de bayes, qui reſſemblent fort, par leur groſſeur & par leur figure à celles du laurier. Ces bayes ſont attachées à des pédicules rouges, & ont un calice comme celui du gland, qui eſt rouge auſſi. D'abord elles ſont vertes, enſuite bleuës, lorsqu'elles ſont mûres. Cet arbre croit dans presque tout le continent ſeptentrional de l'Amerique & d'ordinaire dans le meilleur terroir. On connoit aſſez combien cet arbre eſt propre à adoucir le ſang. Je remarquerai ſeulement que quelquefois dans la *Virginie* on a employé avec ſuccez dans les fièvres intermittentes une forte decoction de ſa racine. Cet arbre s'accommode de nôtre climat; comme il paroit par pluſieurs qui ſont à *Peckham* chez Mr. *Colinſon*, & à *Fulham* chez Mr. *Grays* ou ils ont ſoutenu pluſieurs hyvers.

Catesby.

TAB.

Muſcicapa Corona rubra.

Le Tyran.

Der schwarze indianische Guckguck.

G. Edwards ad viv. delin.
Cum Priv. Sac. Caes. Maiest.
J. M. Seligmann sculps. et excud. Norimb.
Cuculus Indicus niger.
N.° 33. III Theil.
La Coucou noir des Indes.

LA COVCOV - NOIR DES INDES.

Cet Oifeau eft environ de la taille du *Merle*, ou de la *Grive*, plus petite que le Coucou qui nous vifite tous les Etez en *Angleterre*. Il a la tête, je crois, plus grande à proportion que notre Coucou, & le bec évidemment plus épais quoiqu'ils ne foit pas tout à fait fi long que celui du notre.

Le bec eft donc plus épais & plus fort que dans quelques-uns de ce genre, d'un Orange vif; les côtez ou les bords de la mandibule fuperieure, dans l'endroit où elle déborde de l'inferieure, ne courent point en ligne droite, mais en onde, comme il eft marqué dans la figure. La Tête, le corps, les aîles, & la queuë, font couvertes partout de plumes d'un noir foncé, fans aucune marque ou tache d'autres couleurs: & cependant on peut le compter pour un très-bel Oifeau, parce que fes plumes ont en elles mêmes un luftre fi brillant, qu'en fe tournant & étant expofées à differents jours, elles réfléchiffent toutes les différentes couleurs de l'Arc-en-ciel. Les plumes mitoyennes de la queuë font raifonnablement longues; les plumes de côté raccourciffent par degrez; l'aile & la queuë font affez longues, comme elles le font en effet dans cette claffe d'Oifeaux; les Jambes font courtes, mais épaiffes & fortes, comme le font auffi les piez & les griffes, le tout d'un brun rougeâtre, les griffes plus noires que les orteils. Comme il n'eft pas aifé de définir comment une chofe; qui quelque fois paroit purement noire, prend, à la faveur d'un petit tour des couleurs brillantes, quoiqu'ils n'y ait rien auprès qu'il ait à refléchir; j'ai conçu, que ces plumes dans leur compofition doivent avoir quelques fibres tranfparentes & triangulaires, qui operent fur l'oeil comme font nos prifmes de criftal. Je crois qu'il y auroit-là un fujet digne des foins de nos curieux obfervateurs Microfcopiques. Ils pourroient effayer leurs obfervations fur les plumes noires de la *Pie* ou du *Corbeau* & de plufieurs autres, qui ont des plumes noires fort luifantes.

Cet Oifeau nous eft venu de *Bengale*, où il eft nommé en langue du Pays *Cukeel:* probablement fon cri eft à peu près le même que celui des Coucous *Européans*, & *l'Indien*, comme nous, lui aura donné un nom qui fe rapporte à fa voix, comme ont fait auffi tous les autres peuples de *l'Europe*. Celui-ci, avec d'autres Oifeaux tres-curieux, étoit dans la collection de Mr. *Dandridge*, dans les *Morfields:* d'ou j'en ai tiré le deffein. *Edvvards.*

LE PRENEUR DE MOUCHES ROUGE.

Il eſt environ de la groſſeur d'un *Moineau*. Il a de grands Yeux noirs. Son Bec eſt épais, groſſier & jaunâtre. Tout l'Oiſeau eſt d'un beau rouge, excepté les franges interieures des plumes de l'aîle qui ſont brunes; mais elles ne paroiſſent que quand les ailes ſont etendûes. C'eſt un Oiſeau de Paſſage, qui quitte la *Caroline* & la *Virginie* en hyver. La fémelle eſt brune avec une nuance de jaune.

Platanus Occidentalis,

Cet Arbre eſt ordinairement fort haut & fort étendu. Ses feuilles ſont larges, d'un verd clair, & un peu veluës par deſſous. Les capſules, qui renferment ſa femence, ſont rondes. Chacune eſt attachée & pendante à un pedicule d'environ quatre ou cinq pouces de long. Son fruit reſſemble à celui du platane oriental. Son écorce eſt unie & d'ordinaire mêlée de verd & de blanc en ſorte qu'ils ſont un bel effet parmi les autres arbres. A la *Virginie* on trouve grand nombre de ces arbres dans tous les endroits bas; mais à la *Caroline* il n'y en a que peu, excepté ſur les hauteurs, ſur tout ſur les bords de la Riviere *S'avanna*.

Catesby.

Der rothe Fliegenstecher.
Tab. XII.
Platanus Occiden...
...lis.
Muscicapa Rubra
No. 12 III Thl.
Preneur de Mouches Rouge.

Cuculus Indicus, fuscus, maculatus.

N.º 13 III Theil.

Le Coucou brun et tacheté.

LE COVCOV BRUN ET TACHETE' DES INDES.

Cet Oifeau eft de la groſſeur d'une *Grive* mais plus long de corps, & à proportion de ſa grandeur, il a une groſſe tête & une tres-longue queuë. Le bec eft aſſez fort & aſſez épais pour ce genre d'Oiſeaux, il eft d'une couleur de jaune-terni, tirant ſur le verd.   La tête, le cou, tout le corps, les aîles & la queuë font d'une couleur brune, tachetés & barrés par-tout, ou de blanc, ou de brun-clair.   La tête, les aîles & le dos font plus obſcurs que le deſſous tacheté auſſi & mélangé d'un brun plus clair : quoique dans les plus petites couvertures des aîles, il y ait quelques taches blanches; les taches ſur les grandes plumes tombent de telle ſorte, qu'elles produiſent des barres de brun-clair qui les traverſent.   La queuë eft barrée en travers de la même couleur, les barres tendant des cotez des plumes vers les extremitez, comme il eft marqué dans la figure: la poitrine, le ventre, les cuiſſes & les couvertures ſous la queuë ont une grande proportion de blanc, un peu mêlé ſur le ventre, ſur les cuiſſes, & ſous la queuë, de couleur d'orange tout le côté de deſſous étant parſemé un peu confuſément de taches noires en demi-lunes.   Les jambes font courtes, & auſſi bien que les piez, de couleur jaunâtre.   Les Orteils font appuyez, deux devant & autant derriere; & les griffes font d'une couleur obſcure.   Cet Oiſeau ayant plus de reſſemblanbe au Coucou ordinaire que les autres décrits ci-deſſus, on a pu le prendre pour le même parmi des obſervateurs de la Nature peu attentifs.   Ainſi il eft bon de faire remarquer ici en quoi ils différent.   Premierement, il eft plus petit d'un tiers, quoiqu'à cauſe de la longueur ſupérieure de la queuë, il eft plus long d'un pouce & davantage que le Coucou ordinaire.   Le Coucou commun eft blanc avec des barres traverſieres continuées réguliérement ſur le côté de deſſous, de la poitrine en bas : celui-ci a le ventre & le deſſous, blanc, mêlé d'orange, & parſemé de taches blanches : l'autre a des jambes d'une vive couleur d'or; celui-ci les a d'un jaune terni, ou pluſtot verdâtre.   Mais moi qui ai vu & comparé les deux Oiſeaux enſemble, ma conviction eft encore plus forte que ne ſauroit l'etre celle de ceux que mon témoignage pourra perſuader; les plumes de la queuë, dans le Coucou ordinaire, font bordées de blanc; mais dans le nôtre nulle apparence de blancheur.

Cet Oiſeau fut apporté de *Bengale*, où on le nomme en langage du pays *Boughtfallik*. Mr. *Dandridge* me fit la grace de m'en procurer la vuë avec la permiſſion d'en tirer le deſſein.   *Edwards*.

LA MESANGE huppée.

Cet Oiseau pèse quatre dragme. Son Bec est noir. Un peu au dessus il y a une tache de la même couleur. Hors cela, tout le dessus de l'Oîfeau est gris. Son Cou & tout le dessous de son Corps est blanc, avec une petite nuance de rouge, qui est plus forte sous les ailes. Ses Jambes & ses Piez sont couleur de plomb. Lorsqu'ils élève sa huppe, elle se termine en pointe. Il ne paroit point de difference entre le mâle & la fémelle. Ils font leur petits à la *Caroline* & à la *Virginie* & y demeurent toute l'année. Ils ne s'approchent guéres des maisons, & ne tiennent que dans les forêts, où ils trouvent les insectes dont ils se nourrissent.

Cistus Virginiana, flore & odore Periclymeni.   D.
Banister. *Cheve feuille droit.*

Cette plante s'élève ordinairement avec deux ou trois tiges toutes droites & roides. Elles font menuës excepté lorsque le terroir est fort gras & fort humide; car alors elles deviennent de la grosseur d'une Canne, & hautes depuis douze jusqu'à seize piéz, garnies de plusieurs petites branches, sur lesquelles les fleuilles font disposées alternativement. Du bout de ses branches fortent des bouquets de fleurs qui ressemblent à nôtre chevrefeuille commun. Ces fleurs ne font pas toutes de la même couleur. Quelques plantes en produisent de blanches, d'autres de rouges, & d'autres de purpurines. Lorsque les fleurs font passées, il leur fuccede des Capfules longues pointuës, qui contiennent un infinité de très petites femences. Cette plante est orginaire de la *Virginie* & de la *Caroline*, mais elle souffre nôtre Climat même en plein air. Il y a plusieurs années qu'elle produit ses belles & odorantes fleurs chez Mr. *Bacon* à *Hoxton*, chez *Mr. Collinson* à *Peckham*, & chez Mr. *Grays* à *Fulham*.

Catesby.

Parus Cristatus.

Mesange huppée

Richards ad viv. delin.

Otus Americanus

Cum Priv. Sac. Caes. Maje:tatis.
Nº. 35. III.Theil

J. M. Seligmann sculps. et excud.

Le Duc.

LE DÜC.

Cet Oiſeau eſt de la plus grande eſpece de Hiboux, approchant en gran‑
deur de *l'Aigle - bibou*, aux *grandes cornes*. La groſſeur de la tête, dans
celui‑ci, ne paroit nullement inférieure à celle d'un chat; Paîle, quand elle eſt
fermée, du ſommet juſqu'au bout des grandes plumes, eſt de quinze pouces
complets.

Le bec eſt noir, la mandibule ſuperieure crochuë, & debordant de l'infe‑
rieure, comme dans les *Aigles* & les *Faucons*, n'ayant aucun angle comme
ceux - la, mais unies dans leurs bords: Il eſt couvert d'une peau, dans laquelle
ſont placées les narines, & cette peau couverte d'une ſorte de plumes griſes &
roides, qui croiſſent autour de la baſe du bec: les yeux ſont grands, ayant des
cercles ou bordures tout autour aſſez larges, d'une couleur d'or très‑brillante:
les eſpaces autour des yeux, qu'on pourroit nommer la *Face*, eſt d'un brun‑
clair, mêlé confuſément avec le couleur d'orange, mais degenerant par de‑
grez juſqu'à une couleur ſombre, vers les yeux. Par deſſus les yeux, il a des
traits de blanc; les plumes, qui compoſent les cornes, commencent préciſé‑
ment au deſſus du bec, où elles ſont entremêlées d'une ligne blanche; mais
en s'elevant par deſſus la tête elles deviennent d'un rouge‑brun, nuancé d'ob‑
ſcur & pointillé de noir. Le ſommet de la tête, le cou, le dos, les aîles & le
deſſus de la queuë, ſont d'un brun obſcur, taché, & entremêlé de quelques
petites lignes confuſes & tranſverſales de cendre & rougeâtre. La grande plu‑
me de l'aîle & la queuë ſont traverſées de barres ſombres, de la largeur d'un de‑
mi - pouce, les unes plus, les autres moins. Les plumes entre le dos & les
aîles ſont orangées & pointillées de blanc; un pèu au deſſous du bec, la gorge
eſt blanche; le devant du cou & la poitrine ſont d'un beau brun, tirant ſur
l'orange, qui s'affoiblit par degrez ſur les flancs; cette partie brune eſt mar‑
quée de taches aſſez grandes & obſcures & entremêlées, entre les taches, de
la même couleur ſombre. Le milieu de la poitrine, le ventre; les cuiſſes & le
deſſous de la queuë ſont blanches, ou d'un cendré leger, barrées tranſverſale‑
ment de lignes obſcures, d'une façon réguliere; le dedans des aîles coloré &
bigarre de la même maniere; les jambes & les orteils preſque juſqu'au bout
ſont couverts de plumes d'un cendré clair; l'extremité des orteils & des griffes
d'une couleur de corne obſcure.

J'ai vu cet Oiſeau vivant dans le Parc de Mylord *Comte de Burlington*,
dans ſa Campagne *de Cchiſvvik*, pres de *Londres*, où j'en tirai le deſſein. Il
lui étoit venu de *Virginie*.

J'ai par devers moi un Oiſeau, que je crois être de la même eſpece:
je le reçus tout ſec & bien conſervé de la *Baye de Hudſon*, en *Amerique*. Il
differe de celui qu'on vient de décrire en ce qu'il n'a point ces plumes oran‑
gées & blanches entre le dos & les aîles, & en ce qu'il a le dedans des aîles,
le ventre, les cuiſſes, les jambes & le deſſous de la queuë, mêlées d'un orange
ſombre, mais avec un peu de clair & de blanc, mêlé avec les barres noires
tranſverſales, comme dans celui - ci. Du reſte leur grandeur étoit la même.
J'ai donné place ici à cet Oiſeau, parce que ſa deſcription varie un peu des
Oiſeaux de ce genre en *Europe*, tels que je les trouve décrits dans *Willoughby*
p. 99. Tab. 12. J'ajouterai ſeulement qu'on peut voir ici à *Londres* chez un Caba‑
retier * près *d'Alterrgate*, un Hibou, que je crois être de cette même eſpece. *Edvv.*

* *Son Enſeigne eſt*, the Mourning - Bush *Tavern.*

LA MESANGE AU CROUPION JAUNE,

Cet Oiſeau court ſur les arbres comme le Piverd, & paroît être une eſpé-
ce de Meſange. Ce qu'il a de plus particulier eſt ſon croupion qui eſt
jaune. Tout le reſt de ſes plumes, ſont brunes, avec une legere teinture de
verd. Il court ſur les troncs des arbres, & ſe nourrit des inſectes qu'il arra-
che de crevaſſes de leur écorce. La fémelle differe très peu du mâle par ſa
couleur. On le trouve à la *Virginie.*

Helleborine Lilii folio caulem ambiente, flore unico
hexapetalo, tribus petalis longis, auguſtis, obſcure purpureis,
caeteris brevioribus roſeis.

Cette plante a la racine bulbeuſe, d'où ſort une ſeule tige d'environ un pied
de haut. Elle eſt eutourée dés le bas par une ſeule feuille, qui lui ſert comme de fourreau. La fleur ſort du haut de la tige. Elle eſt compoſée de
ſes feuilles; dont trois ſont longues & d'un violet foncé, les trois autres plus
courtes, d'une couleur de roſe pâle, & ordinairement renverſées, avec un pi-
ſtil au milieu. Cétte plante croît dans les lieux humides.

APOCYNUM SCANDENS
folio cordato, flore albo.

Cette plante monte & eſt ſoutenuë par les arbres & les buiſſons, qui ſe trouvent auprés d'elle. Ses feuilles ſont rangées l'une vis à vis de l'autre ſur des
tiges qui ont moins d'un pouce de long. Ses fleurs ſont ordinairement par
bouquets de quatre ou cinq. Elles ſont blanches, & compoſées de cinq feuilles. Elles ſont ſuivies par de longues côſſes cylindriques, qui viennent deux
à deux. Elles contiennent pluſieurs ſemences plates aſſes ſemblables à celles
des autres Apocynes. Cette plante ſe trouve dans la plus - part des Isles *Bahama.*

Catesby.

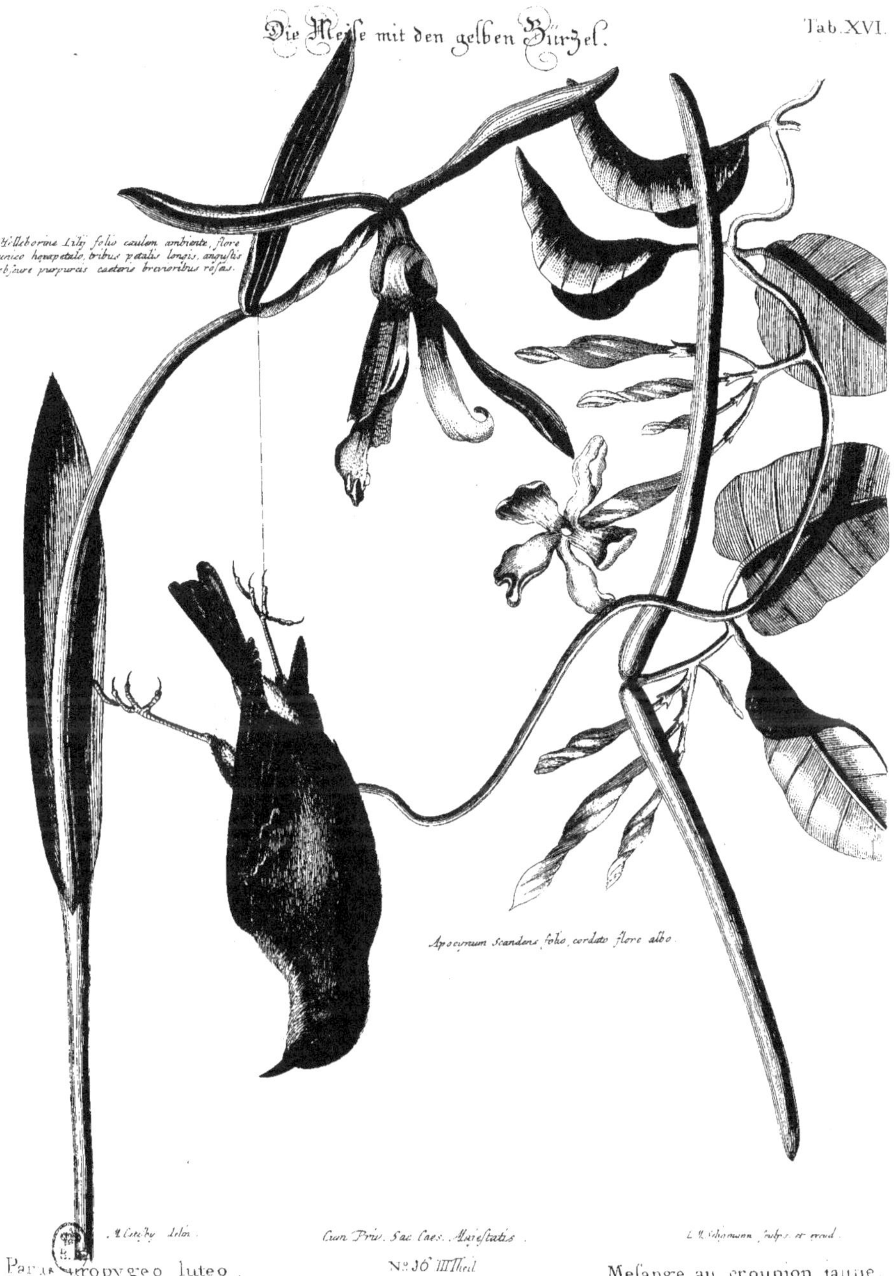

Die Meiſe mit den gelben Bürzel.
Tab. XVI.
Helleborine Lilij folio caulem ambiente, flore
unico hexapetalo, tribus petalis longis, angustis
obscure purpureis caeteris brevioribus rosas.
Apocynum scandens folio cordato flore albo.
M. Catesby delin.
Cum Priv. Sac. Caes. Majestatis.
L. M. Seligmann sculps. et excud.
Parus Uropygeo luteo.
N° 16. III Theil
Mesange au croupion jaune.

Tab. XVII.
Die grosse weisse Eule.

Bubo albus, diurnus.
Cum Priv. Sac. Caes. Majestatis.
No 17. III Theil
Le grand Hibou blanc.

LE GRAND HIBOU BLANC, SAVOIR LE DUC.

Cet Oifeau approche de la premiere grandeur de ce genre, & eft le plus beau de toutes fes efpeces, fur-tout par rapport à fon extreme blancheur.   Il a la tête plus petite à proportion que les autres fortes de Hiboux. Son aîle étant fermée eft de 16. pouces depuis l'épaule jufqu'au bout de la plus longue plume; ce qui peut nous donner quelque idée de fa taille.   On dit que c'eft un Oifeau de jour, qui chaffe principalement fur les *Perdrix blanches* & qui ne quitte point la *Baye de Hudfon* pendant toute l'année.

Le bec eft crochu comme celui du Faucon, n'ayant aucun angle fur les côtez.   Il eft tout noir avec de grandes narines, & prefque tout couvert de plumes roides comme des poils plantez autour de la bafe & refléchis en avant. Les yeux font entourez d'iris jaunes & brillantes ; la tête eft plus petite à proportion qu'elle ne l'eft communément dans ce genre, & d'un blanc pur, comme eft auffi tout le corps, les aîles & la queuë; le fommet de la tête eft marqué de petites taches d'un brun terni, comme le font les côtéz fous les aîles, mais de taches plus petites & plus legeres.   Les grandes plumes fur leur barbes exterieures font marquées auffi bien que les couvertures des aîles, de quelques taches un peu fombres, comme il eft exprimé dans la figure.   Les couvertures des aîles en dedans font purement blanches ; le bas du dos eft fans tache; les plumes mitoyennes de la queuë fur le côté de deffus ont quelque peu des taches de chaque côté des côtés : les jambes & les piez font couverts de plumes blanches; les griffes font longues, fortes, noires & furtout très-aigues.   Un autre Oifeau de ce genre avec celui-ci m'étant parvenus, je trouvai qu'ils ne differoient qu'en ce que l'autre avoit plus de taches plus brunes.   J'ai eu l'honneur, de dépofer le premier dans le *Cabinet* de la Societé Royale, & l'autre, dont les taches étoient plus fortes, dans la *collection* de Monfieur le Chevalier *Hans Sloane.*

Il y a chez Mr. Pierre Collinfon de la S. R. un portrait à l'huile de cet Animal, dans fa jufte grandeur, peint en *Penfylvanie* par ordre du *Sr. Penn,* fur l'animal même plein de vie & gardé pendant quelque tems.   C'eft cette peinture qui m'a donné connoiffance de la couleur de fes yeux.   Je trouve auffi des Deffeins du même Hibou dans la collection de Mr. *Hans Sloane,* dans lefquels la couleur des yeux s'accorde avec le portrait, ce que je regarde comme une preuve fuffifante de la vérité de mon expreffion.   Je ne pouvois pas les tirer d'après le vif, parce qu'ils me furent envoyez tout fecs de la *Baye de Hudfon* par Mr *Alex. Light,* de qui j'ai reçu tant de faveurs de cette nature.   La raifon qu'eut Mr. *Penn,* de faire peindre cet Oifeau ; c'eft qu'il étoit extremement rare, n'ayant point été encore obfervé en *Penfylvanie.* Ainfi je compte qu'il habite principalement les parties les plus Septentrionales de *l'Amerique.*   Du refte je ne fache pas qu'on ait encore rien publié par l'impreffion fur ce curieux animal. *Edvvards.*

LA MESANGE DE BAHAMA.

Le Bec de cet Oiſeau eſt noir, & un peu courbé. Le deſſus de la Tête, de ſon Dos & de ſes Aîles ſont bruns. Une raye blanche s'étend depuis ſon Bec jusqu'au derriére de ſa Tête. Sa Poitrine eſt jaune: de même que le haut de ſes aîles. Sa Queue eſt aſſez longue, brune par deſſus & d'un blanc ſale par deſſous.

Arbor Jaſmini, floribus albis, foliis Cenchranmideae, fruͨu ovali, ſeminibus parvis nigris muciiagine involutis.

Pomme de Sept ans.

Cet Arbriſſeau s'éléve à ſix ou ſept piez. Son tronc n'eſt guères plus gros que le poignet. Son écorce eſt ridée d'une couleur claire. Ses feuilles viennent par bouquets, & environ de la grandeur de celle du laurier commun. Elles ont une grande entailleure à leur extremité, qui eſt plus large que le reſte de la feuille. Ces feuilles ſont fortes, roides & fort épaiſſes; & d'ordinaire elles ſe replient, comme il eſt marqué dans la figure. Ses fleurs viennent par bouquets. Elles ſont monopétales & reſſemblent par leur forme & leur grandeur à nôtre Jaſmin commun. Leur couleur eſt blanche, mêlée d'un peu de rouge. Son fruit pend à un pédicul d'un pouce de long. Sa figure eſt ovale; & ſa couleur eſt mêlée de verd & de jaune. Lorsqu'il eſt mûr, il eſt de la conſiſtence d'une poire molle. Il contient une pulpe, qui en couleur, en ſubſtance, & en goût, eſt aſſez ſemblable à la Caſſe. J'ai obſervé pendant neuf mois, dans cette plante, une ſucceſſion continuelle de fleurs & de fruit, qui meuriſſent dans l'eſpace de ſept ou huit mois. Ainſi je ne ſai pourquoi les habitans des Jsles *Bahama*, où cette plante croît, la nomment *la pomme de ſept ans.*

Catesby.

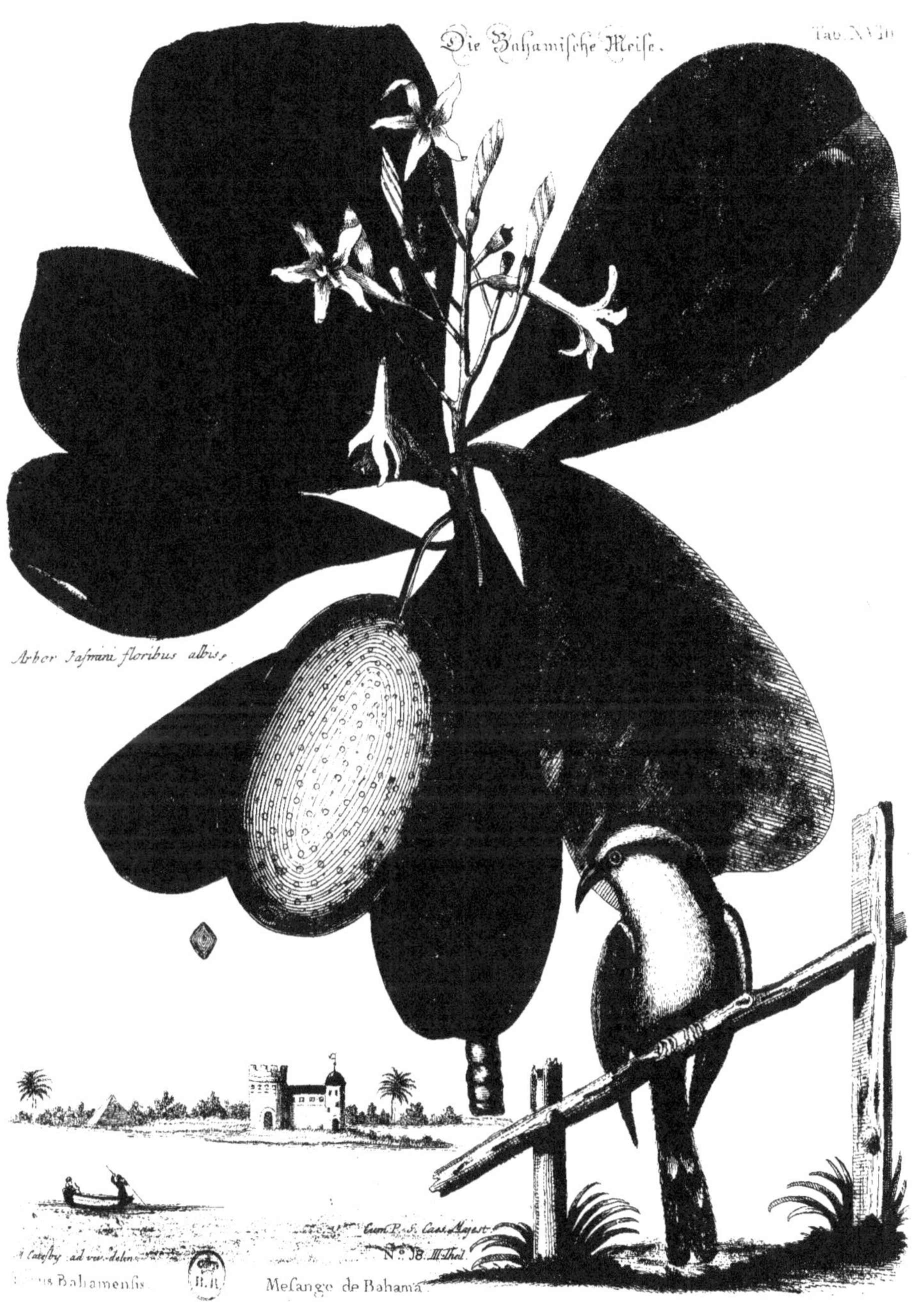

Die Bahamische Meise.
Tab. XVII.
Arbor Jasmini floribus albis.
Catesby ad viv. delin.
Cum P. S. Cæs. Majest.
N°. 18. III. Theil.
...us Bahamensis
Mesange de Bahama

Tab. XIX.
Die kleine Falkeneule.

G. Edwards ad viv. delin.
Cum Priv. Sac. Caes. Majestatis.
J. M. Seligmann sculps. et excud.
Ulula. Accipitri affinis
N.º 19. III Theil.
Le petit Faucon Chouette.

LE PETIT FAVCON - CHOUETTE.

Cet Oifeau eft peutêtre plus gros qu'un Epervier, ayant beaucoup de l'air du *Faucon* par la longueur de fes ailes & de fa queuë; mais la forme de fa tête & de fes piez montre qu'il a beaucoup d'affinité avec le genre Hibou. J'appris de mon ami qui m'en apporta deux en peaux garnies, qu'ils volent & vont à la proye en plein midy, ce qui eft contraire à la nature du genre *Hibou*.

Le bec reffemble à celui d'un Faucon, mais fans angles aux côtez, d'un jaune vif & rougeâtre. On m'affura que les yeux étoient de la même couleur; les efpaces autour des yeux font blancs, un peu nuancez de brun & marquez de petites taches oblongues & obfcures; les côtez de dehors de ces efpaces vers les oreilles font entourez de noir; hors de là il y a encore un peu de blanc. Le bec eft prefque tout couvert de plumes roides; d'u-ne couleur claire, comme dans la plus part du genre *Hibou:* le fommet de la tête eft d'un brun fort obfcur, agreablement parfemé de petites taches ron-des & reguliéres de blanc. Autour du 'cou jufqu'au milieu du dos, il eft d'un brun obfcur, les plumes paroiffant comme fi elles étoient bordées de blanc. Les aîles font d'une couleur brune, les grandes plumes & les cou-vertures étant delicatement tachetées de blanc fur leurs barbes exterieures: les trois grandes plumes près du corps n'ont point de taches, mais elles ont commé des bordures blanchâtres: les plumes entre le dos & l'aîle font mar-quées de grandes barres tranfverfales de brun & de blanc: les couvertures in-terieures de l'aîle font blanches avec des lignes traverfieres de brun: Les gran-des plumes de côté en dedans font d'un cendré obfcur, avec des taches blan-ches fur les deux barbes: la première grande plume eft fans tache en dedans & en dehors fur fa barbe externe, & n'a prefque point cette recourbure des pointes des barbes exterieures qu'on obferve dans les hiboux.

On peut obferver la même chofe à l'égard du Hibou blanc décrit ci-deffus. Le croupion & les couvertures de la queuë font d'un brun obfcur, barré tranfverfalemeut & mêlé d'un brun plus clair; la queuë par deffus eft auffi d'un brun obfcur, & par enbas cendrée, compofée de 12. plumes, cel-les du milieu plus longue de deux pouces que la plus externe. Elle eft tra-verfée par des barres minces & regulieres. Les Jambes & les piez font tout couverts de plumes fines & douces, de la couleur du ventre, mais les lignes bigarrées font plus petites; les griffes font pointuës, crochuës & d'une cou-leur très-brune à la pointe. Il y avoit un autre Oifeau de cette efpece qu'on apporta avec celui-ci, un peu plus gros & peu different pour la couleur; il avoit toutes les mêmes marques, mais elles n'étoient ni fi fortes, ni fi bril-lantes: je penfe que c'étoit la femelle de celui-ci.

Ils furent apportez de la *Baye de Hudfon*, par mon ami Mr. Light; on les nomme dans leur pays *Coparacoch:* Leur chaffe ordinaire eft la *Perdrix blan-che* & autres Oifeaux; du refte ils font fi hardis, au rapport de mon ami, qu'ils ne craignent point de fe tenir près d'un chaffeur armé de'fon fufil, & fouvent lui enlevent la perdrix qu'il a tirée, avant que chaffeur puiffe parve-nir à fa proye. Je ne fache pas que jufqu'à préfent il ait paru aucune fi-gure ou defcription de cet Oifeau. *Edvvards.*

TAB. XX.

LE MESANGE AU CAPUCHON NOIR.

Cet Oiſeau eſt à peu près de la groſſeur d'un chardonneret. Son Bec eſt noir. Une large raye noire entoure ſon cou & le derriére de ſa tête, & reſſemble à un capuchon. Hors cela le devant de ſa tête & tout le deſſus de ſon Corps eſt jaune. Son Dos, ſes Aîles & ſa Queuë ſont d'un verd ſale. Il frequente les petits bois, & les endroits ombragés de la partie inhabitée de la *Caroline*.

Arbor in aqua naſcens, foliis latis acuminatis & dentatis, fructu Eleagni maiore.

Tupelo, qui croît dans l'eau.

Cet arbe a le tronc fort gros, ſur tout proche de la terre. Il devient fort grand. Ses feuilles ſont larges, avec des entailleures irrégulieres. Ses fleurs naiſſent des côtés de ſes branches. Elles ſont attachées à des pédicules d'environ trois pouces de long & conſiſtent en pluſieurs petites feuilles étroites & verdâtres, poſées ſur le haut d'un corps ovale, qui eſt le rudiment du fruit, au bas duquel eſt le calice, qui ſe partage en quatre. Lorsque ce fruit a atteint ſa maturité, il reſſemble par ſa groſſeur, ſa forme & ſa couleur à une petite olive d'Eſpagne, & renferme un noyau dur & cannelé. Le bois de cet arbre a le grain blanc, mou & ſpongieux. Ses racines le ſont beaucoup davantage, approchant de la conſiſtence du liége, auſſi on s'en ſert à la Caroline aux mêmes uſages ; comme à boucher des bouteilles & des calbaſſes. Ces arbres croîſſent toûjours dans les lieux humides, & ordinairement dans les endroits les moins profonds des riviéres, & dans les marais.

Catesby.

Parus cucullo nigro.

N.º 20. III Theil.

Mesange au Capuchon noir.

Der Whip-Poor-Will, oder kleine Geismelcker.

G. Edwards ad viv. delin.

Cum Priv. Sac. Caes. Majestatis.

J. M. Seligmann Sculps. et excud.

Caprimulgus minor *Americanus*.

No. 2I. III. Theil.

Le Whip-poor-will, ou Petit Tette-chevre

LE WHIP-POOR-WILL, OU PETIT TETTE-
CHEVRE.

Cet Oifeau, pour la taille, la couleur & d'autres convenances particulieres, reffemble à l'Oifeau que nous nommons en *Angleterre*, *Night-
Hawk* (Faucon nocturne) ou *Tette-chevre*, excepté qu'il a quelques marques
differentes & qu'il eft plus petit d'un tiers. On l'appelle en *Virginie Whip-
poor-will*, de fon cri, qui approche de fort près du fon de ces 3 fyllabes.
La figure eft de la groffeur naturelle.

Le bec eft fort petit, de couleur noire; cependant la bouche eft fort
grande, fes angles, ou coins, s'étendant jufques fous les yeux & par de là;
les côtez de la tête autour des yeux font d'un brun clair tirant fur le cendré:
il a une demi-lune fur la gorge, comme des taches de blanc, les angles de
laquelle tournent vers les oreilles. Le fommet de la tête, le deffus du cou,
le dos, les couvertures fuperieures des aîles & de la queuë, font couvertes de
plumes d'un brun obfcur barrées tranfverfalement & parfemées d'un brun plus
clair, avec un petit mêlange de cendré, mais irreguliérement. Du bec
il paffe par deffus les yeux & defcend fur les côtez du cou quelques taches
vives de couleur d'orange, & fur les couvertures fuperieures de l'aile on
voit quelques taches de brun-clair affez diftinctes. Les grandes plumes font
de couleur d'ombre, ou tirant fur le noir: les cinq premieres ont une tache
blanche qui les traverfe & paffe par deffus les barbes & les tuyaux excepté la
barbe externe & le tuyau de la grande plume la plus externe; cette tache paroit & en dedans & en dehors des aîles; les couvertures au dedans des aîles
font blanches, avec une nuance d'orange barrée en travers par des lignes fombres & tranfverfales; tout le côté de deffous & les couvertures fous la queuë
font blanches, avec quelque mêlange legere d'orangé traverfé regulierement
de lignes d'un fombre-noir; le côté inferieur de la tache blanche fur la
gorge a quelque teinture d'orange; les jambes & les piez font très-petits,
couverts de plumes jufques un peu au deffous des genoux, & de couleur du
chair; les orteils externes font joints avec celui du milieu jufqu'à un petit
efpace par une membrane; les deux griffes du milieu font dentées en dedans;
la queuë a de chaque côté vers le bout une tache blanche fur les plumes.

C'eft a Mr. *Catesby* de la S. R. que je dois cet Oifeau. Il fut apporté de *Virginie* avec un autre, qui lui ayant été comparé, fe trouva en avoir
toutes les marques, quoique plus obfcures; ce qui me fait croire que c'étoit
fa femelle.

Pour embellir cette Hiftoire, j'ajouterai ici un petit extrait de la lettre
que reçut avec ces Oifeaux Mr. *Catesby* d'un de fes amis de *l'Amerique*: „ Ils
„ paffent en *Virginie* vers le milieu *d'Avril*, & depuis ce tems-là jufqu'à la
„ fin de *Juin*, ou les entend toutes les nuits en commençant fur la brune &
„ continuant jufqu'au poinct du jour; mais c'eft principalement vers les par-
„ ties élevées occidentales du pays qu'ils font fi frequents: Je n'en ai jamais
„ ouï qu'un feul vers nos côtes maritimes; mais au pié des Montagnes au
„ mois de *May*, quelques minutes après le coucher du Soleil, ils commen-
„ cent & font un bruit fi grand & fi aigu toute la nuit, que les Echos d'a-
„ lentour augmentent à tel poinct, que la premiere fois, que je logeai dans
„ ces quartiers-là j'eus de la peine à m'endormir. On les voit rarement de
„ jour. Les *Indiens*, s'imaginent que ces Oifeaux font les ames de leurs an-
„ cêtres jadis maffacrez par les *Anglois*, & ils affurent qu'ils n'ont jamais pa-
„ ru dans le pays avant ces maffacres. Plufieurs les regardent ici comme des
„ Oifeaux de mauvais augure. Je me fuis laiffé dire, qu'ils pondent deux
„ oeufs à la fois d'un verd obfcur, tacheté de noir, & cela en plein fentier,
„ ou chemin battu, fans aucune marque de nid, fur lefquels pourtant ils
„ s'appliquent fort ferré, jufqu'à fouffrir des approches de peu de diftance
„ avant que de s'envoler. *Edwards*.

LA MESANGE BRUNE DE L'AMERIQUE.

Cet Oiseau pese environ trois drachmes. Son Bec est noir. Le dessus de son Corps, depuis le Bec jusqu'à la Queuë est d'un verd jaunâtre. Son Cou & sa Poitrine sont jaunes; & le dessous de son ventre, vers la Queuë, est blanc. Ses Aîles sont brunes, avec quelques taches blanches. Sa Queuë est brune, excepté que les deux plumes, qui la terminent, sont à demi blanches. Ses Jambes sont d'un blanc sale. La femelle est entierement brune. Cet Oiseau monte sur le tronc des arbres, particulierement des puis & des sapins; d'ou il tire des insectes, dont il se nourrit. Il s'associe en petites volées, & on le voit, surtout pendant l'hyver, sur des arbres depouillez de leurs feuilles, de même que les autres especes de Mésanges & Grimpereaux.

Ligustrum lauri folio, violaceo.
Troöne aux bayes violetes.

Cet arbre croît ordinairement jusqu'à la hauteur de seize pieds; & son tronc a depuis six jusqu'à huit pouces de diamétre. Ses feuilles sont fort lisses, & d'un verd plus vif que celles du Laurier commun: Autrement, dans sa maniere de croître & sa forme, il lui ressemble entierément. Il sort au mois de Mars d'entre ses feuilles, des épines de deux ou trois pouces de longueur, couvertes de très petites fleurs blanches, composées de quatre feuilles & qui sont attaches, l'une vis à vis de l'autre, par des pédicules d'un demi pouce de long. Les fruits qui leur succedent sont des bayes rondes, environ de la même grosseur que celles du Laurier. Elles sont couvertes d'une peau violéte, & renferment un noyau qui se sépare par le milieu.

Catesby.

TAB.

M. Catesby ad viv. delin.   Cum Priv. Sac. Caes. Majestatis.   I. M. Seligmann sculps et prud.

Parus americanus lutescens.   N.º 22. III Theil.   Melange brune de l'Amerique

Die Brasilische Elster Toucan genant.

G. Edwards ad viv. delin.

Pica Brasiliensis.

Cum Privil. Sac. Caes. Majest.
Nº 23. III Theil.

J. M. Seligmann excud. Norimbergae.

Le Toucan ou la Pie du Bresil

LE TOVCAN, OU LA PIE DU BRESIL.

Cet Oiſeau eſt de la groſſeur d'un *Pigeon* domeſtique ordinaire, à peu près de la taille d'une *Pie* pour le corps; mais la tête eſt plus groſſe, ſans doute pour mieux ſoutenir la grandeur de ſon bec. La queuë eſt pluſtôt courte que longue, compoſée de plumes d'une égale longueur.

Le bec, du devant de la tête, ou des angles de la bouche juſqu'à la 6. pouces de long; ſa hauteur ou ſa profondeur, dans l'endroit où il eſt le plus gros, eſt d'un peu plus de deux pouces; d'un côté juſqu'à l'autre, près de la tête il a un pouce d'épaiſſeur. La mandibule ſuperieure eſt d'un jaune pâle & verdâtre; les côtez près des bords endentez, ont chaçun une longue nuance de couleur d'orange, barré tranſverſalement de noir, ou de lignes obſcures, qui paſſent à travers les diviſions du bec juſqu'un peu avant dans les côtez de la mandibule inférieure; celle - ci eſt d'une couleur bleuë extremement belle, aſſez legere vers la tête, mais plus foncée vers la pointe; & la pointe même de l'une & de l'autre mandibule, de la profondeur de plus d'un pouce, eſt d'une couleur d'écarlate très - brillante; le bec eſt fort comprimé des deux côtez, & ſe termine en parfait angle, le long de ſa partie ſuperieure; pour le dos de la mandibule inferieure, il eſt un peu moins relevé; le bec eſt courbé vers la pointe, comme on l'a marqué & a une grande cavité au haut du palais de la bouche; les narines ne ſe voyent point, étant ſituées aſſez près l'une de l'autre ſur la partie ſuperieure du bec, juſtement ſur la ligne qui paſſe entre le bec & le devant de la tête. Les yeux ſont d'une couleur de noiſette ſombre bordez tout autour d'une peau nuë, d'un jaune verdâtre, ayant des eſpéces de ſutures, ou de plis qui circulent d'une maniere rompuë tout autour de l'oeil & atteignent juſqu'au bec; autour de la baſe duquel paſſe une ligne noire aſſez étroite. Le ſommet de la tête, le haut du cou, le dos les aîles, le ventre, les cuiſſes & la queuë, ſont de couleur noire, les aîles ſeulement ayant un luſtre brillant & changeable: les côtez de la tête, la gorge, & la poitrine, ſont blanches, ou pluſtôt de couleur de crème; & entre le blanc ſur la poitrine & le noir du ventre, il y a un croiſſant de beau rouge, dont les angles s'élevent en haut ſur les côtez, & ceci eſt adouci en haut & en bas avec les couleurs qui s'y joignent. Le croupion, ou les couvertures du deſſus de la queuë, ſont blanches; les plumes par dela l'anus, & celles qui couvrent le deſſous de la queuë, ſont d'un rouge pâle: les jambes, les piez & les ongles, ſont d'un bleu clair, ou violet. Il perche ſur deux orteils de devant & deux autres de derriere dans chaque pié.

Je trouvai cet Oiſeau par bonheur tout plein de vie chez Mr. *Concanen*, le Procureur General du Roi pour l'Iſle de la *Jamaïque*, d'où il l'avoit apporté en *Angleterre*. Il venoit de quelque endroit des Pays-Eſpagnols du Continent de *l'Amerique*. Par les deſcriptions & les figures qu'on a de ces Oiſeaux, je m'imagine qu'il y en a de pluſieurs eſpèces; puiſque les deſſeins en diffèrent ſi fort les uns des autres. J'ai trouvé auſſi de la varieté dans les becs qu'on en montre au Cabinets des curieux, quelques uns étant plus grands que celui - ci, de deux pouces; & d'autres beaucoup plus courts; quelquesuns autrement marquez, & d'autres d'un noir luiſant. Puis qu'aucun de ceux, qui ont décrit cet Oiſeau, n'ont prétendu l'avoir vû en vie, & que la pluſpart des notices que nous en avons, ne ſont que des recueils ou traductions d'Hiſtoriens ou Voyageurs étrangers, au lieu que j'ai eu la commodité d'en tirer le deſſein, lorſque l'animal étoit en vie & en ſanté & de l'examiner même avec exactitude après qu'il fut mort, j'eſpere que la figure & la deſcription que j'en donne, ne contenant rien d'emprunté, en donnera au moins à mes compatriotes une plus parfaite connoiſſance qu'ils n'en ont eu juſqu'à préſent. Après la mort de l'Oiſeau, les couleurs du Bec ſe perdirent en quelque ſorte, ou du moins s'obſcurcirent, & cet eſpace nud qui eſt autour des yeux, devint tout noir. *Edvvards.*

LA MESANGE DE L'AMERIQUE à la GORGE
jaune.

Elle pèfe environ deux drachmes & demie. Son Bec eft noir. Le devant de fa Tête eft noir. Elle a deux taches jaunes de chaque côté, juftement du deffous de la mandibule fuperieure. Sa Gorge eft d'un jaune brillant, terminée de chaque côté par une raye noire. Son Dos & le derriére de fa Tête font gris. Ses Aîles font d'un gris plus foncé & presque brun. Quelques unes de leur grandes plumes font bordées de blanc. Le deffous de fon corps eft blanc, avec quelques taches noires de chaque côté, proche des aîles. Sa Queuë eft noire & blanche. Ses Piez font bruns, & de même que ceux du petit Grimpereau, il font armez d'ongles très longs; ce qui lui fert beaucoup à grimper fur les arbres, chercher les infectes, dont elle fe nourrit. La fémelle n'a ni jaune ni noir. Cette Mefange eft très commune à la Caroline.

Acer Virginianum, folio maiore fubtus argenteo, fupra viridi fplendente. Alma.

Ces arbres croiffent jusqu'à une hauteur confiderable, mais leurs tronc font rarement fort gros. Au mois de Février, avant que les feuilles paroiffent, leurs petites fleurs rouges commencent à s'ouvrir & durent environ trois femaines, après quoi elles font fuivies par les fruits, qui font auffi rouges & durent avec les fleurs environ fix femaines. Ces arbres embelliffent le bois de la *Caroline* plûtôt qu'un autre qui croiffe dans les forêts. Ils peuvent fouffrir le Climat d'Angleterre comme le leur propre; comme il paroît par plufieurs beaux arbres de cette efpéce qui font dans le Jardin de Mr. *Bacon* à Hoxton.

Catesby.

M. Catesby ad viv. delin.

J. M. Seligmann excud. Norimb.

Parus americanus gutture luteo.   Mesange de l'Amerique a la gorge jaune.

Cron. Priv. Sac. Caes. Majestatis.
No. 24 III Th.

Grauköpfiger Grünspecht.

Picus viridis capite cinereo.

cum Privil. Sac. Caes. Majestatis.
N° 25. III Theil.

Le Pic vert, tête grise.

LE PIC - VERT , tête - grife.

Cet Oifeau eft environ de la groffeur du *Pic - verd* que nous avons en *Angleterre* & qui eft un peu petit, qu'une *Pie*.

Le bec eft droit & a la pointe aigue, taillé comme dans les autres Piverts, d'un centré un peu obfcur, la mandibule inferieure vers la bafe & autour de l'angle de la bouche, étant d'un orange clair, les narines font couvertes de foyes rudes & noires, qui s'élevent par deffus & les couvrent; & ce noir rebrouffe & atteint du bec jufqu'aux yeux de chaque côté. De la bafe de la mandibule inferieure, de chaque côté, partent deux lignes noires, qui defcendent fus les côtez de la gorge: la gorge entre ces deux barres eft blanchâtre; la tête, le cou, la poitrine, le ventre & les cuiffes font d'un gris bluâtre ou cendré plus pur à la tête & au haut du cou, mais de la gorge en bas tout le deffous eft un peu mêlé de verd: le haut du dos eft d'un beau bleu, tirant fur le verd, qui fur le croupion devient prefque tout jaune; les couvertures des aîles & les grandes plumes près du corps font d'un verd jaunatre; les barbes en dedans des grandes plumes les plus internes, un peu barrées en travers, d'une couleur fombre; les plus grandes de ces plumes, avec une partie de leurs couvertures, font d'un brun obfcur, tacheté de jaune clair, qui tombe par rangées fur leurs bords. Les plumes de la queuë paroiffent avoir chacune une double pointe, parceque leurs barbes de chaque côté, s'étendent par de là leurs tuyaux ufez & rompus; elles font d'un brun obfcur avec des lignes traverfieres un peu fombres, leurs bords étant verdâtres, & les plumes du milieu les plus longues s'accourciffant graduellement vers les côétz. Les couvertures de la queuë tant au deffus qu'au deffous, font d'un verd terni; les jambes, les piez & les ongles font noirs; l'orteil le plus long eft égal à la longueur de la jambe & les orteils dans chaque pié, comme dans les autres de ce genre, font difpofez de telle forte, que deux s'appuyent en avant & deux en fens contraire.

Cet Oifeau nous a été procuré par Mr. *Taylor White*, qui l'a eu de *Norvvege*. Il differe de notre *Pic verd*, en ce qu'il lui manque cette belle couleur d'écarlate fur le fommet de la tête, & auffi dans les marques, qui fortent des coins de la bouche de chaque côté, à la place des quelles il a feulement quatre, ou tout au plus cinq poinéts imperceptibles de rouge, fur le devant de la tête près de la bafe du bec. Il en differe encore en ce qu'il eft cendré fur la cou & par deffous, où l'autre eft d'un verd - jaune pâle. A l'égard du refte ils conviennent affez. Peutètre que le pays feptentrional, d'où eft cet Oifeau, caufe cette différence dans la couleur plus qu'aucune autre réelle diverfité entre le leur & le notre en *Angleterre*. Car les climats du Nord ne produifent pas des Oifeaux de ces belles couleurs, comme les climats qui font plus près de la ligne; puis qu'on a obferve que les *Ours*, les *Renards*, les *Lièvres*, & plufieurs fortes d'Oifeaux font gris & quelquefois blancs dans ces parties Boréales, lefquels font tout autrement colorez plus loin des Poles. Ainfi je compte que cette couleur grife de l'Oifeau ici décrit, & à la tête & au ventre peut être attribuée à fon habitation feptentrionale. *Edvvards*.

LA MESANGE JAUNE.

Elle eſt plus petite qu'un Roitelet. Du premier coup d'oeil elle paroît toute jaune; mais en l'examinant de près, on la trouve comme il s'enfuit. Son Bec eſt mince. Sa Tête, ſa Poitrine & ſon Ventre ſont d'un jaune vif. Son Dos eſt d'un jaune verdâtre; ſa Queuë brune, avec une nuance de jaune. La fémelle n'eſt pas d'un jaune ſi brillant que le mâle. Ils font leurs petits à la Caroline; & ſe retirent au commencement de l'hyver.

Laurus Carolinenſis, foliis acuminatis, baccis caeruleis, pediculis rubris inſidentibus.

Les feuilles de cet arbre ont la même figure que celle du Laurier commun, & font d'une odeur aromatique. Ses bayes lorsqu'elles ſont mûres, ſont bleuës. Elles viennent deux à deux & quelque fois trois à trois, attachès à des pedicules de deux ou trois pouces de long, & rouges; de même que le calice du fruit, dont les bords ſont dentelez. Ces arbres ne ſont pas communs à la Virginie, hors en quelques endroits proche de la mer. On en voit à la *Caroline* par tout; principalement dans les terres marecageuſes. En général il ne deviennent guére que de petits arbres, quoiqu'en quelques Iles, & dans quelques endroits particuliers proche de la mer on en voye de fort grands & de fort droits. Leur bois eſt d'un grain fin, & d'un uſage excellent pour des cabinets &c. J'ai vû quelques morceaux choiſis de ce qui reſſembloient à du Satin ondé & dont la beauté etoit au deſſus de celle d'aucun autre bois que j'aye jamais vû.

Catesby.

Die carolinische gelbe Meise.
Tab XXVI
Laurus Carolinensis ♂ ♀
Parus luteus.
Méfange jaune
N.º 26 III Theil.

Phasianus, sinensis, albus e nigro caeruleus,
cum foemella, colore fusco.

Cum Priv. Sac. Caes. Majest.
No. 27. III Theil

Le Phaisan de la Chine, noir et blanc, avec
la Femelle.

LE PHAISAN DE LA CHINE, NOIR ET
BLANC, AVEC SA FEMELLE.

Le *Mâle* eſt beaucoup plus grand que notre *Phaiſan* ordinaire, mais la taille eſt preſque la même.

Le Bec eſt comme celui d'un *Cocq*, ou d'une *Poule;* de couleur jaune, mais obſcure vers le pointe. Les yeux ſont auſſi jaunes, bordez d'un aſſez grand eſpace de belle écarlate, ſans plumes, mais clairement parſemé de poils, qui s'élevent dans la partie ſuperieure, de chaque côté, en forme de cornes, & s'étendent en arriere en pointe de chaque côté de la tête & pendent ſur les joues, comme celles d'un Cocq. Le ſommet de la tête, depuis le bec en arriere eſt couvert de longues plumes noires, d'un brillant de pourpre, qui pendent derriere le cou. Le deſſus, c'eſt à dire les côtez de la tête, le haut du cou, le dos, les aîles & la queuë, ſont couverts de plumes blanches, chacune ayant trois ou quatre lignes noires courant l'une dans l'autre, parallèles à la circumference exterieure des plumes, comme il eſt exprimé dans la figure, exceptè les grandes plumes & les plumes externes de la queue, qui ont des barres obliques & des aſperſions de noir, comme la figure le montre auſſi; les deux plumes de deſſus, de la queuë, ſont blanches, le deſſous, depuis le bec juſqu'aux couvertures ſous la queuë, eſt noir avec un éclat de pourpre, etroit ſur la gorge, mais croiſſant en largeur juſqu'à la poitrine & au ventre. Les jambes & les piez ſont d'une couleur de belle écarlate, & il a des ergots, comme notre *Cocq* ordinaire, qui ſont blancs.

La *Femelle* eſt un peu plus petite que le Mâle; ſon bec eſt d'un brun jaunâtre, comme ſes yeux, avec un eſpace rouge & nud, comme dans le Mâle, mais non pas tout à fait ſi large; la couronne de la tête eſt couverte de plumes d'un brun obſcur, un peu pendantes par derriere la gorge, les côtez de la tête ſous l'eſpacée rouge, eſt blanchâtre; le cou entier, la poitrine, le dos, les aîles & les plumes mitoyennes de la queuë, ſont d'un brun rougeâtre, exceptè les grandes plumes, qui tirent vers le ſombre & celles qui joignent le corps; qui ſont parſemées de blanc; le ventre & les plumes externes de la queuë ſont d'un blanc ſale, mêlées tranſverſalement, mais un peu confuſément, d'obſcur & de noir. Les jambes & les piez ſont rouges, comme dans le Mâle, mais non pas ſi beaux; auſſi n'a-t-elle point d'ergots.

Ces curieux Oiſeaux ont été gardez & nourris pluſieurs années de ſuite par Mr. le Chevalier *Hans Sloane*, dans ſa *Baſſe-court à Londres*, où ils ont fait des petits & les ont amenez à maturité. Le Mâle a déja été figuré & décrit par *Albin* dans ſon *Hiſt. des Oiſ.* Vol. III. p. 35. Mais comme j'ai fait diverſes corrections & dans ſa figure & dans ſa deſcription, & que j'y ai ajouté la femelle, qui y manque, j'eſpere que les curieux ne regarderont ma peine comme perduë. *Albin* a donné au ſien une queuë de beaucoup trop courte, & n'a été nullement précis dans la figure de cet eſpace rouge qui eſt autour des yeux; il n'a pas fait mention non plus, ni figuré les marques curieuſes & particulieres de ſes plumes blanches, outre qu'il a omis les ergots. Il y a apparence qu'il n'a vû cet Oiſeau que dans une cour & qu'il n'a tiré ſon deſſein qu'à la premier vuë, lorſque l'Oiſeau s'y promenoit, & qu'ainſi il n'a pas été auſſi exact que j'ai eu l'occaſion de l'être, ces Oiſeaux ayant appartenu en propre à mon excellent Patron, chez qui je fréquentois, & ou j'avois la commodité de repaſſer ſouvent ſur mes deſſeins, en examinant les ſujets exactement & dans leur plus petites parties, non ſeulement pendant la vie de ces animaux, mais auſſi après leur mort. *Edvvards.*

TAB. XXVIII.

LA MESANGE - PINSON.

Cet Oiſeau peſe un peu moins de deux drachmes. La mandibule ſuperieu-re de ſon Bec eſt brune; l'inferieure jaune. Sa Tête eſt bleuë. Il a une tache blanche deſſus & une autre deſſous chaque oeil. Le deſſus de ſon Dos eſt d'un verd jaunâtre. Tout le bas de ſon Dos, ſes Aîles & ſa Queuë ſont d'un bleu obſcur. Les plumes, qui couvrent la partie ſuperieu-re de ſes Aîles ont quelques taches blanches. Son Goſier eſt jaune. Sa Poi-trine eſt d'un jaune plus foncé, diviſée par une raye d'un bleu obſcur. Son Ventre eſt blanc. Vers la Poitrine il a quelques plumes tachées de rouge. Ses Pieds ſont d'un jaune obſcur. Les plumes de la fémelle ſont noires & brunes. Ces Oiſeaux grimpent ſur le tronc des gros arbres, & ſe nourriſſent des inſectes qu'ils tirent d'entre les crevaſſes de leur écorce. Ils demeurent pendant tout l'hyver à la Caroline.

Frutex, Padi foliis non ſerratis, floribus monopetalis
albis, campaniformibus, fructu craſſo tetragono.

Le tronc de cet arbriſſeau eſt mince. Quelquefois il s'élève de la même racine deux on trois tiges à la fois, ordinairement à la hauteur de dix piéz. Ses feuilles ont la figure de celles du poirier. En Fevrier & en Mars il pouſſe des fleurs blanches, en forme de cloche. Elles pendent des côtes des bran-ches, par des pédicules d'un pouce de long, auxquels elles ſont attachees deux ou trois enſemble. Il ſort de milieu de la fleur quatre Etamines avec un Piſton rouge qui les paſſe d'un demi pouce. A ces fleurs il ſuccede des ſemences renfermées dans des capſules oblongues à quatre angles, & ſe ter-minant en pointe.

Catesby.

Parus fringillaris.   Cum Priv. Sac. Caes. Majeſtatis.   Meſange-Pinſon
          Nº. 28. III Theil.

Der chinesische Phasanenpfau.

Phasianus, alis et caudâ, oculatis.　　　Nᵒ. 29. III. Theil.　　　Le Paon-Phaisan de la Chine.

Le PAON-PHAISAN de la Chine.

Cet Oiſeau eſt plus grand que le *Phaiſan* ordinaire, & quoiqu'il ſoit apeⵍ de ce nom, je ne le juge pas être de leur genre; car la queuë eſt compoſée de plumes abattues, qui ne finiſſent pas en pointe et ne ſe courbent pas vers leur bout, ni ne ſont point voutées dans leurs cotez de deſſous, par l'inclinaiſon de leur barbes; mais elles ſont plattes et ovales à leurs bords, et en marchant ſa queuë n'eſt point courbée en arche, comme elle l'eſt dans le *Phaiſan*. Voyez les autres de cette eſpece que ſont décrits dans ce livre. Quoique ce ſoit un Oiſeau d'un coloris grave, cependant il fait une des plus grandes beautez de la nature: on peut le comparer à une fourure *Zibeline* enrichie de joyaux de diverſes couleurs.

Le bec eſt obſcur, la mandibule ſuperieure étant rouge depuis les narines juſqu'à la pointe; les yeux ſont jaunes; il a auſſi un petit eſpace ſans plumes de couleur jaune entre le bec et les yeux, ſemé clairement de poils noirs; les joues avec le pétit eſpace qui eſt ſur les yeux, ſont blancs; les plumes ſur la couronne de la tête ſont d'un brun obſcur, ſe dreſſant, et leur bouts refléchis un peu en avant; le cou eſt d'un brun vif, barré tranſverſalement d'un brun terni et obſcur; le haut du dos et toutes les plumes de l'aîle, excepté les plus grandes, ſont d'un brun obſcur, delicatement coloriées au bout de chaque plume de taches rondes de pourpre d'un grand éclat, qui ſe changent en bleu, verd ou cuivre doré, et qui ſont environnées de cercles de noir, et chaque plume pointillée d'un brun jaunâtre très brillant; les eſpaces entre les taches ſur l'aîle et le dos ſont parſemées de belles marques d'un brun clair; les plus grandes plumes ſont entiérement d'un brun, ou noir obſcur; la poitrine, le ventre et les cuiſſes, ſont d'un brun obſcur, varié tranſverſalement de noir; le bas du dos et les couvertures de la queuë ſont brunes, aſperſées delicatement d'un brun plus brillant; les plumes de la queuë ſont d'un brun aſſez obſcur, auſſi délicatement poudrées d'un brun plus clair, les plumes étant longues au milieu, et diminuant par degrez vers les flancs; chaque plume de la queuë a deux beaux yeux vers ſon bout, un de chaque côté des côtes des plumes, ſi bien qu'ils paroiſſent deux a deux, et d'une auſſi belle variation de couleur que ceux qui ſont ſur le dos et ſur l'aîle, entourez de noir et hors du noir entourez encore d'un orangé obſcur. Ces taches brillantes paroiſſent à peine au deſſous de la queuë, qui eſt d'une couleur ſombre. Les jambes et les piez ſont, comme ceux d'une Poule brun ou noir terni. Il a deux paires d'ergots à chaque jambe, le premier placé environ a la quatrieme partie de la de là jambe; et l'autre, qui eſt le plus grand, environ au milieu: ce qui, dans cet Oiſeau, eſt une choſe plus rare et plus remarquable que toutes ſes beautez.

Lorſque je le deſſinai il a appartenoit à Mr. *Monro*, Medecin *de Londres*, d'un caractere très-obligeant et de qui j'ai reçu bien des faveurs. Depuis ce tems-là; on en fit preſent à Mylord *Orford*, où il vit encore dans ſon hôtel près de l'Echiquier.

La *Fleur* ici repreſentée, par maniere de décoration, ſe nomme *Roſe de la Chine*. Je l'ai tirée d'après nature. C'eſt la même que nous voyons ſi ſouvent peinte dans les Peintures Chinoiſes: ſa fleur eſt plus grande que notre roſe, et eſt d'un rouge de roſe fort vif, avec des étamines au milieu d'une couleur de jaune, ou pluſtôt d'or. Les feuilles vertes étoient roides, fermes et liſſes, comme celle des arbres toujours verds. Cette plante à fleurs ſi magnifiques fut élevée par les ſoins du curieux et celebre Mylord *Petre*, dans ſes Etuves à *Thorndon-Hall en Eſſex*.   *Edvvards,*

LE COLIBRI.

Il n'y a à la *Caroline* qu'une efpéce de cet Oifeau, qui s'avance vers le Nord, pendant l'Eté, auffi loin que la *Nouvelle Angleterre*. Son Corps eft environ de la groffeur du bourdon. Son Bec eft droit, noir, & long de trois quarts de pouce. Ses Yeux font noirs. Sa Tête et le deffus de fon Corps d'un verd fort vif. Toute fa Gorge eft ornée de plumes placées comme les écailles d'un poiffon, auffi brillantes qu'un émail cramoifi. Son Ventre eft d'un blanc fale. Ses Aîles font d'une forme particuliére, affez femblables à la lame d'un cimetére turc. Sa Queuë eft couleur de cuivre, excepté la plume du milieu, qui eft verte. Ses Jambes font fort courtes & noires. Il tire fa nourriture des fleurs à la maniere des abeilles. Car fa langue eft une tube, par lequel il en fuce le miel. Il fe balance de telle maniere par le rapide mouvement de fes aîles, qu'il femble fe foutenir fans mouvement. Il vole de fleur en fleur, car ce n'eft que d'elles qu'il tire fa nourriture, & je n'ai jamais obfervé, ni même oui dire qu'il fe nourrit d'aucun infeéte, ni d'autre chofe que de fleurs. Ils font leurs petits à la *Caroline* & fe retirent au commencement de l'hyver. Ce que *Lerius* & Thévéte attribuent à leur chant eft auffi vrai que ce qu'on dit du Chant harmonieux des Cygnes; car ils n'ont d'autres tons dans leur voix que *Scrip*, *Scrip*, comme *Margravius* l'a fort bien remarqué. *Hernandes* tâche de s'atirer la confiance de fes leéteurs en leur difant, que ce n'eft pas un conte, lorfqu'il les affûre qu'il demeure engourdi, ou dormant, pendant tout l'hyver, a St. *Dominque* & plufieurs autres endroits entre les Tropiques. J'y ai vû ces oifeaux pendant toute l'année; parce qu'ils y trouvent une fucceffion continuelle de fleurs defquelles ils fe nourriffent.

Bignonia, etc.

Ces plantes montent fur les arbres; fur lesquels elles s'élevent jufques à une grande hauteur. On les voit fouvent couvrir les troncs morts des grandes arbres. Leurs feuilles font ailées & font formées de plufieurs lobes dentelez, attachez par couple, l'un vis à vis de l'autre, fur une même côte. En *May*, *Juin*, *Juillet & Août*, elles produifent des bouquets de fleurs rouges, affez femblables à celles de la Digitale commune. Chaque fleur fort d'un long calice rougeâtre. Elle eft monopetale, enflée dans fon milieu. En s'ouvrant elle fe divifé en cinq parties, avec un pifton, qui naît du calice, & paffe au travers de la fleur. Au mois d'*Août* les coffes, ou les vaiffeaux qui renferment la femence, commencent à paroître. Quand ils font parvenus à leur maturité, ils font longs de huit pouces, étroits par les deux bouts; ils fe divifent en deux parties égales, & laiffent voir un grand nombre de femences plattes & aillees.

Le Colibri aime à fe nourrir de ces fleurs; & fouvent en s'y enfonçant trop avant, ils fe laiffe prendre.

Catesby.

M. Catesby ad viv. delin.

J. M. Seligmann Sculp. et excud.

Mellivora avis carolinensis.

cum Priv. Sac. Caes. Majestatis.
No. 30. 10. Thal.

Le Colibri

Der bunte chinesische Fasan.

G. Edwards ad viv. delin.

Cum Priv. Sac. Caes. Majestatis.

J. M. Seligmann, culp. et excud.

N.º 31. III Theil.

Phasianus, variis coloribus splendidus.

Le Phaisan belles-couleurs.

Le PHAISAN BELLES-COULEURS,
de la Chine.

Cet Oiseau est plus petit que notre *Phaisan d'Angleterre*, mais taillé à peu près de même, quoique la queuë, je pense, soit plus longue à proportion, la plume du milieu ayant jusqu'à 23. pouces de long. Il a déja été décrit par *Albin* dans son *Hist. des Ois.* Vol. III. p. 34. sous le nom de *Phaisan-Rouge;* mais comme il y a dans son coloris un mélange de toutes les couleurs les plus gayes et les plus brillantes qu'on puisse imaginer, j'ai cru que le nom, que je lui ai donné, lui convenoit mieux. La figure de cet Oiseau, par le Sr. *Albin* étant destituée d'une juste et naturelle description, je tâcherai de corriger ses fautes dans la mienne. Il a fait le bec et la tête beaucoup trop grands à proportion, l'aîle trop longue et la queuë trop longue et la queuë trop courte de la moitié. D'ailleurs il a omis plusieurs particularitez que j'ajouterai dans ma figure et dans ma description.

Le bec est d'un jaune clair, un peu plus obscur vers la pointe; les yeux entourez d'un jaune éclattant; les côtez de la tête sous les yeux; de couleur de chair nuë, ou clair-semée de plumes; la couronne de la tête est couverte de plumes d'un beau jaune, ou couleur d'or, qu'il dresse quelquefois en forme de houpe et laisse tomber quelquefois sur le cou. Le haut du cou est couvert de plumes de couleur d'orange, marquées de barres traversieres de noir; ces plumes; il peut les dresser comme nos coqs ordinaires font les leurs quand ils se battent. La partie inférieure du cou et le commencement du dos sont couverts de belles plumes d'un verd obscur, qui reflechissent une couleur d'or avec des barres noires traversieres à leurs extrémitez: ces plumes, quand l'Oiseau marche, ont un mouvement different des autres plumes, tombant quelquesfois plus loin par dessus le dos, et glissant de côté et d'autre. Le reste du dos jusqu'à la queuë est couvert de plumes d'un beau jaune d'or mêlées à la naissance de l'aîle et où les plumes tombent sur la queuë de quelques plumes d'un vif écarlate. Les premieres, ou plus grandes plumes des aîles, font obscures ou noires avec des taches de jaune-brun sur leurs barbes; celles du milieu font d'un rouge sombre, mêlées et marquées de noir. Quelques-unes des petites près du dos, font d'un bleu foncé d'une beauté singuliére; le dessous de toutes ces grandes feuilles est obscur: toutes les couvertures font d'une couleur rougeâtre et sombre, la premiere rangée qui couvre immédiatement les grandes plumes tirant un peu plus vers le jaune, avec des lignes traversieres de noir. Le dessous de l'Oiseau, depuis le bec jusqu'à la queuë, est d'un beau rouge, ou écarlate; les cuisses font de couleur d'argile; la queuë est d'un mélange de noir et de rouge-brun; les deux plumes du milieu, noires, tachetées de marques rondes, ou irrégulieres de brun, les plumes de côté étendues obliquement, noires & brunes, comme il est exprimé. Là sortent, par dessus la grande plume de la queuë, quelques plumes longues et étroites de couleur d'écarlate avec des côtes jaunes, qui s'étendent presque jusqu'à moitié de la queuë. J'ai représenté les plumes de la queuë plus libres et plus écarrées que l'Oiseau ne les porte generalément, pour montrer plus distinctement la différence de leurs marques. Les jambes et les piez font comme ceux de la *Poule* mais un peu plus minces, de couleur jaune, avec de petits ergots de même couleur.

Depuis quelques années ces Oiseaux nous font apportez assez fréquemment de la *Chine.* J'en ai vû plusieurs dans la possession de notre Noblesse ou de quelques uns de nos curieux, et nouvellement Mylady *Heathcote* m'a fait la grace de m'en donner un, mort à la vérité, mais qui m'a mis en état d'observer plus d'exactitude dans chaque partie de ma figure, que je n'aurois pu faire autrement, ou qu'aucun autre n'a été jusqu'ici; ces Oiseaux font assez vigoureux et supportent très-bien notre climat & je pense que si on en apportoit de bien appariez avec leurs femelles, ils pourroient, avec un peu de foin, pondre & nous donner des petits. Mr. le Chevalier *Hans Sloane* en a un Mâle encore vivant, qui est celui que la figure represente, & autant que je m'en puis souvenir, il l'a eu depuis quinze ans. *Edvvards.*

LE CHAT - OISEAU.

Cet Oifeau eft auffi gros, et même un peu plus qu'une Alouëtte. Le deffus de fa tête eft noir; le deffus de fon corps, de fes aîles, et de fa queuë d'un brun foncé: fur tout fa queuë approche le plus du noir. Son cou, fa poitrine et fon ventre font d'un brun plus clair. Depuis fon anus, fous la queuë, il part quelques plumes d'un rouge fâle. On ne voit point cet oifeau fur les grands arbres. Il ne fréquente que les arbriffeaux et les buiffons, et fe nourrit d'infectes. Il n'a qu'un ton dans la voix, qui reffemble au miaulement d'un chat; et c'eft de là qu'il a pris fon nom. Il pont un oeuf bleu; et quitte la *Virginie* en hyver.

Alnifolia Americana ferrata, floribus pentapetalis albis, in fpicam difpofitis *Pluk. Phyt. Tab.* 115. *f.* I.

Cet arbriffeau croît dans des lieux humides, et quelquefois dans l'eau, d'où il s'éléve avec plufieurs menuës tiges, à la hauteur de dix ou de quatorze pieds. Ses feuilles font un peu rudes, placées alternativement, dentelées, et à peu près de la figure de celle de l'épine blanche. Au mois de *Juillet*, il pouffe des fommitez de ces branches, des bouquets de fleurs blanches, longs de cinq ou fix pouces. Chaque fleur eft compofée de cinq feuilles, et d'une touffe de petites étamines. Ces fleurs font fortement attachées par des pédicules d'un quart de pouce de long. Elles font fuivies, par de petites capfules ovales et pointuës, qui contiennent plufieurs femences légéres. Cette plante fouffre notre climat, même en plein air; et fleurit chez M. *Bacon* a *Hoxton*.

Catesby.

Der Flügenschnapper mit schwarzer Platte.   Tab. XXXII.
Alni folia Americana serrata, floribus pentapetalis albis,
in spicam dispositis Pluk. Phyt. Tab. 115 f. 1
Cum Priv. Sac. Caes. Majestatis.
M. Catesby ad viv. delin.   J. M. Seligmann sculp. et excud.
Muscicapa vertice nigro.   No. 32 III Thel   Le Chat-oiseau.

Die Henne des Fasanenfauen aus China.

Edwards ad viu. delin.   Cum Priv. Sac. Caes. Majestat.   I. M. Seligmann. sculp. et exc.

Foemellae precedentium N.° 29 et 31.   N.° 33 III Theil   La Femelle du Paon-Phaisan de la Chine

La Femelle du PAON - PHAISAN, de la Chine.

L'Oifeau reprefenté par la figure d'en haut eft plus petit d'un tiers que fon Mâle decrit ci-deffus à la p. 67. mais il lui convient pour la couleur & pour les autres marques, plus qu'aucune autre des efpeces de *Phaifan* que j'aye obfervées jufqu'ici, ayant toutes fes marques diftinctives, quoique moins brillantes.

Le bec eft d'une couleur fombre ou noire; l'Iris de l'oeil eft jaune; le plumage de l'Oifeau entier eft d'un brun obfcur; la partie inferieure du dos & toutes les plumes de la queuë, un peu mêlées & parfemées de brun plus obfcur, & quelquefois plus clair; toutes les couvertures des aîles, le haut de dos & les grandes plumes joignant le dos, ont chacune une tache ronde du bleu obfcur, près de leurs extremitez, les bords même étant d'un orange terni, ou brun rougeâtre. Les plumes de la queuë ont chacune vers letes bords deux taches d'un bleu fombre & obfcur; mais ces taches n'ont point ur luftre brillant qui eft fi remarquable dans le Mâle: les jambes & les piez focn d'un brun obfcur ou noirâtre, fans ergots.

La figure d'en bas reprefente ici la *Femelle* du *Phaifan de la Chine,* *belles couleurs*: (on peut voir le *Mâle* ci-deffus Planche 68.) elle differe beaucoup plus du Mâle qu'aucune des efpeces de *Phaifan* que je connoiffe; le Mâle étant un mélange des couleurs les plus gayes qu'on puiffe imaginer, & la femelle, des couleurs les plus communes & des plus uniformes, ayant à peine quelque marque de diftinction. Le bec eft jaune, l'oeil eft de couleur de noifette ja unâ tre, entouré d'un efpace de plumes fombres: la couronne de la tête eft couverte de plumes d'un brun rougeâtre, avec quelque apparence de houpe. Le haut du cou, le dos, les aîles & la queuë font auffi d'un brun rougeâtre: les plumes immédiatement au deffous du bec font blanches: la gorge, la poitrine & le ventre font d'un brun jaunâtre affez clair, taché de marques brunes & obfcures, comme on l'a exprimé dans la figure. Le bord des aîles eft d'une couleur blanchâtre, & les piez & les jambes font jaunes.

Je vis le premier de ces Oifeaux, qu'on vient de décrire, avec fon Mâle chez Mr. le Dr. *Monro à Londres*, ou je les deffinai l'un & l'autre. Le Docteur avoit des grandes efperances d'avoir de la race de ces rares Oifeaux & leur avoit préparé un endroit très - convenable dans fa *Baffe - cour à Croyden*, à dix mille de *Londres*, mais la femelle étant morte peu de tems après être parvenuë en fa poffeffion, il fut trompé dans fon attente.

A l'égard du fecond Oifeau ici décrit, il faut que j'avouë que j'ai moins de garantie à lui donner qu'à aucun autre de cet ouvrage, n'ayant jamais vû l'Oifeau: mais comme j'ai trois fortes de *Phaifans* mâles de la *Chine*, et les femelles de deux d'entreux, je me fnis fenti quelque penchant à compléter leur hiftoire de la meilleure maniere qu'il m'a été poffible; & qu'ayant eu l'occafion d'examiner diverfes peintures Chinoifes très - curieufes & très-finies du Phaifan *belles - couleurs*, conjointtement avec fa *Femelle* & trouvant les mâles convenir exactement avec la Nature, j'ai fuppofé que les femelles devoient être auffi femblables à leurs originaux que les mâles le font; puifque les femelles convien, nent en couleur l'une avec l'autre, quoiqu'elles ayent été faites de differentes mains & apportées en *Angleterre* en differents tems, éloignez les uns des autres. Ainfi je tiens pour très - vraifamblable que la figure d'en bas, dans cette planche eft auffi reffemblante à l'Oifeau, que fi je l'avois tirée d'après nature; quelques uns de mes amis, qui l'ont vu en *Angleterre*, m'ayant affuré qu'autant qu'ils s'en fouviennent, la copie reffemble à l'Oifeau.   *Edwards.*

LE ROSSIGNOL DE MURAILLE DE L'AME-
RIQUE.

Cet Oiſeau eſt à peu prés de la même figure , ou même plus petit que nôtre Roſſignol de muraille. Il a un bec mince & noir. Sa téte , ſon
cou, ſon dos, & ſes ailes ſont noirs ; excepté cinq ou ſix des franges exterieures des grandes plumes de l'aîle , qui ſont en partie rouges. Sa poitrine eſt rouge , mais diviſée par une raye griſe. Son ventre eſt gris. Sa
queue eſt rouge , hormis que ſon extremité eſt noire. Ses jambes & ſes
pieds ſont noirs. La femelle eſt toute brune. Ces oiſeaux frequentent les
bois les plus couverts de la *Virginie ;* et on ne les voit qu'en été.

Nux iuglans nigra Virginienſis Park. 1414.
Noyer noir.

La plus grânde partie du continent meridional de l'*Amerique* a beaucoup de
ces arbres ; ſur tout la *Virginie & Maryland*, vers la ſource des rivieres , là,
où il viennent en grande abondance dans les terroirs bas & riches , & croiſſent extraordinairement. Leurs feuilles ſont beaucoup plus étroites , plus
pointuës , & moins unies , que celles de notre noyer commun, L'epaiſſeur
de la coque interne eſt telle, qu'on ne peut la briſer qu'avec un marteau.
La coque externe eſt fort épaiſſe & fort raboteuſe en dehors. Les amandes
en ſont très huileuſes, & d'un goût tres fort. Cependant les *Indiens* comme
auſſi les Ecurueils &c. les mangent , après les avoir gardées quelque temps.
Il ſemble que cet arbre ait pris ſon nom de la couleur de ſon bois , qui approche plus du noir qu'aucun autre bois qui donne de ſi gros marrein. C'eſt
pourquoi il eſt eſtimé pour faire de Cabinets des Tables, &c.

Catesby.

M. Catesby ad viv. del.   J. M. Seligmann excud. Norimb.

Cum Priv. Sac. Caes. Majestatis.

Ruticilla Americana.   N°. 34 III Th.d   Le Rossignol de muraille de l'Amerique

Das rothfüſsige Rebhuhn aus der Barbarey.

G. Edwards ad viv. delin.

Perdix rufa. Africana.

Cum Priv. Sac. Caes. Majestatis.
N.º 35. III. Thal.

J. M. Seligmann sculps. et excud.

La Perdix rouge de Barbarie

La PERDRIX - ROUGE de Barbarie.

Je compte que cet Oiſeau eſt un peu plus petit que notre perdrix ordinaire, puiſque par ſes meſures je trouve que depuis la pointe du bec juſqu'au bout des orteils, celui-ci a 13 pouces, & juſqu'à l'autre, dix-neuf pouces. *Willoughby*, dans ſon *Ornithologie*, donne à notre Perdrix mâle d'*Angleterre* depuis le bec juſqu'aux ongles, 14. pouces & un quart, & juſqu'au bout de la queuë, 12. pouces & trois quarts & pour la largeur des deux bouts des aîles étendues, 20. pouces. D'où il paroit que cet Oiſeau eſt plus petit que notre Perdrix commune, ou cendrée, quoique Mr. *Willoughby*, ait donné à la *Perdrix rouge* de *France* & d'*Italie* plus de grandeur que n'en ont, ou cette Perdrix, ou la cendrée, en faiſant leur plus grande longueur de 18. pouces, & largeur, de 22. Si bien que la différence dans la taille, auſſi bien que quelques parties dans la couleur, ſemblent faire la différence ſpécifiques entre la *Perdrix rouge* de notre *Europe* & celle des côtes d'*Afrique*. Le bec eſt d'une belle couleur d'écarlate; les yeux ſont de couleur de noiſette, la paupiere tout autour des yeux, d'un beau rouge; le ſommet de la tête eſt d'un chatain vif, qui deſcend ſur le derriere de la tête, où il devient plus ſombre, & s'avance & forme un anneau tout autour du cou, lequel anneau eſt parſemé de taches blanches aſſez rondes. Les côtez de la tête & la gorge ſont d'un cendré clair & bluâtre, qui paſſe tout autour des yeux. De chaque côté, environ à la place des oreilles, il y a une tache obſcure; le devant du cou, au deſſous de l'anneau, eſt de couleur de cendres, qui par degrez ſe change ſur la poitrine en couleur Roſe foible. Le ventre, les cuiſſes & les couvertures ſous la queuë, ſont d'un brun clair ou d'argile; le haut du cou, le dos & les aîles, ſont d'un brun obſcur, tirant ſur le cendré; les premieres grandes plumes des aîles, un peu plus obſcures que les autres plumes, bordees, pour un petit eſpace, vers leurs bouts, d'un brun clair & jaunâtre. Le deſſous des grandes plumes d'un cendré obſcur, & les couvertures interieures des aîles tirant ſur l'argile; les plumes qui croiſſent ſur les épaules & tombent entre le dos & les aîles, ſont d'un beau bleu bordé d'un rouge brun : les côtez ſont couverts de belles plumes, bigarrées transverſalement, leurs extrémitez étant de couleur d'orange, au dedans deſquels il y a des barres traverſieres de noir; ſuccedées par d'autres de blanc ; le reſte & autres parties cachées étant de couleur de cendres: ces plumes tombent en partie ſur les aîles : le croupion eſt cendré, les plumes mitoyennes de la queuë, de la même couleur, mais plus ſombres, avec des traverſes obſcures: les plumes de côté de la queuë ſont à moitié cendrées du côté de leurs racines, & l'autre moitié vers les bouts ſont d'orange ſale: les jambes & les piez ſont rouges, & d'une couleur plus belle que celle de nos Pigeons dans cette partie-là. Il a de petits ergots, & ſes ongles ſont brunes.

Vn couple de ces Oiſeaux me furent envoyez vivans par mon bon ami Mr. *Th. Rawulings*, Marchand, établi à *Santa Cruz* dans cette partie de la *Barbarie*, qui eſt hors du Détroit de *Gibraltar* ſur l'Ocean Altantique. Je n'ai pas ouï dire que la *Perdrix-rouge*, ou d'*Europe*, ou d'*Afrique*, aient jamais multiplié en *Angleterre*, quoique l'une & l'autre y ſoient aſſez fréquemment apportées. Ceux qui ſont curieux de voir ce qu'on a dit de la *Perdrix-rouge* Européenne, peuvent conſulter l'*Ornithologie* de *Willoughby* p. 167. Tab. XXIX. Je n'ai pas beſoin ici de faire mention d'*Albin*, puiſque ſa deſcription n'eſt autre choſe qu'une copie pure & ſimple de celle de *Willoughby*.   *Edwards.*

PETIT ROUGE - queuë noir.

Il eſt à peu près de la taille d'un Serain de Canarie. Cet oiſeau eſt tout noir, excepté le haut des aîles, & une partie des franges des deux plus grandes plumes de l'aile, qui ſont blanches. Son bec eſt épais, & court, ayant une entaille dans la mandibule ſuperieure, comme celle d'un Faucon. Cet oiſeau eſt habitant du *Mexique*, & les *Eſpagnols* l'appellent *Maripoſa - Nigra*, c'eſt à dire, papillon noir. Je ne ſçai ſi celui ci eſt mâle ou femelle.

Amelanchior Virginiana, Lauroceraſi folio H. ſ.

Pet. Rai. ſuppl. App. 221. Arbor Zeylanica, cotini foliis, ſubtus lanugine villoſis, floribus albis cuculi modo laciniatis. *Pluk. Alm. p.* 44.
Phyt. Tab. CCXLI. ſ. 4.

Arbre aux Fleurs frangées.

On trouve communément cet arbriſſeau ſur les bords des petits ruiſſeaux et des eaux courantes. Il s'éléve depuis ſix juſqu'a dix pieds. Sa tige eſt communément petite, tortuë, et irréguliére. Ses feuilles ſont d'un verd clair, et faites comme celles de l'Oranger. Au mois de May il produit des Bouquets de fleurs blanches, qui pendent a des pédicules branchus, d'un demi pouce de long. Chaque fleur a quatre feuilles étroites, épaiſſes, & longues d'environ deux Pouces. Il leurs ſuccéde des bayes rondes, d'un bleu obſcur, de la groſſeur des prunelles ſauvages.

Cateſby.

Das kleine schwarze Rothschwänzlein.
Tab. XXXVI.
Amelanchior Virginiana Lauro cerasi folio.
M. Catesby ad viv delin.
G. D. Ehret sculpsit.
C. P. S. C. M.
Nº. 36. III Theil
Rubicilla minor nigra.
Petit Rouge-queüe noir

Tab.XXXVII.   Das braune fleckichte Haselhuhn.

G.Edwards ad viv: delin.
Cum Priv. Sac. Cæs. Majestatis.
Schiemann sculp.
Vrogallus minor Americanus.   No. 37 IIIThl   Le Francolini brun-tachete

Le FRANCOLINI Brun-tacheté,

Il eſt un peu plus gros que notre *Perdrix d'Angleterre*, ou approchant de la groſſeur de la petite eſpece de notre volaille domeſtique : il ſemble qu'il a le corps un peu plus long & la queuë plus longue à proportion, que notre Perdrix.

Le bec eſt noir, couvert de plumes brunes, qui tournent en devant par deſſus les narines, il a un petit eſpace de peau rouge au deſſus de l'oeil : de la baſe du bec juſqu'à l'oeil il y a une ligne blanche ; de l'oeil en arriere ſortent deux lignes blanches, la plus baſſe étant la plus longue. Le ſommet de la tête, le haut du cou & du dos ſont couverts de plumes d'un brun obſcur, entremêlées d'orange & de cendré ; les couvertures des aîles ſont d'un brun obſcur, bordées d'un brun plus clair, ayant une barre de clairbrun en dedans, qui court parallelement avec leurs bords. Les plus grandes plumes ſont d'une couleur ſombre ou noire parſemées de blanc ſur les bords des barbes externes : les moindres de grandes plumes près du dos ſont d'un brun clair avec des barres traverſieres d'un brun plus-obſcur. Les couvertures des aîles du côté en dedans ſont obſcures avec des bouts blancs ; il y a auſſi quelques plumes entre le dos & les aîles avec des petites couches de blanc tout du long placées à leurs bouts. La queuë eſt d'un ſombre-brun ou noir ; les plumes mitoyennes barrées en travers d'un brun clair & rougeâtre, tirant ſur l'orange ; les plumes de côté, parſemées & tachetées de la même couleur. La gorge ſous le bec, d'un blanc jaunâtre avec de petites taches ſombres ; le cou & la poitrine au deſſous ; d'un orange terni, barré en travers de taches noires en forme de demilunes, avec leurs angles en haut ; il y a un peu de blanc mêlé avec l'orange & le noir de la poitrine. Le reſte du côté de deſſous, depuis la poitrine juſqu'aux couvertures ſous la queuë incluſivement, eſt blanc, un peu nuancé de couleur de creme & taché de noir, à peu près comme le cou & la poitrine. Les jambes, du haut du genou juſqu'aux piez, ſont couvertes, de plumes qui ont l'apparence de poils, de couleur brune, bigarrez de belles barres tranſverſales de noir. Les piez ſont d'un brun rougeatre ; les trois orteils qui appuyent ſur le devant, dans chaque pié, ſont endentez de chaque côté ; les orteils de derriere ſont unis ſur les cotez ; les griffes ſont aſſez longues, & noires.

Je compte cet Oiſeau entre les eſpeces, du *Francolin* (*Attagen.*) Je l'ai comparé avec toutes les deſcriptions que j'ai pû trouver de ſon genre, & je l'en trouve ſi différenr, que je croi pouvoir prononcer que c'en eſt une eſpece toute nouvelle & juſqu'ici non-décrite. Il me fut envoyé de la *Baye de Hudſon* par mon ami Mr. Light, qui m'apprend qu'ils y paſſent tout le long de l'année. Cette ſorte d'Oiſeaux, dans l'*Amerique* ſeptentrionale, habitent les pays bas et unis de la contrée. En *Europe* on ne les trouve que ſur les hauteurs ou ſommets des montagnes, dont l'elevation produit un froid, dans l'air, égal à celui des parties baſſes de la *Baye de Hudſon*, qui eſt la plus ſeptentrionale de toutes les parties habitées de l'*Amerique*. Parmi les auteurs il y a beaucoup d'obſcurité & d'oppoſition en ce qu'ils ont dit ſur le genre de ces Oiſeaux, dont la pluſpart ont été décrits par *Willoughby* dans ſon *Ornithologie*, qu'on pourra conſulter à la p. 172. juſqu'a la 178.   *Edvvards.*

L'ALCYON.

Cet efpèce d'Alcyon eſt un peu plus gros qu'un merle. Son bec eſt long de deux pouces & demi, & noir. Ses yeux font larges. Sa tête eſt couverte de longues plumes bluâtres. Il a fous l'oeil une tache blanche, & une autre à la bafe de la mandibule fupérieure. Tout le deſſus de fon corps eſt d'un bleu obfcur. Son cou eſt blanc, avec une large bande d'un bleu obfcur en travers; au deſſous de laquelle la poitrine eſt d' rouge fale. Son ventre eſt blanc. Les grandes plumes de l'aîle font noires, ayant un peu de blanc fur leurs franges intérieures, qui font bordées de bleu & de noir, avec quelques taches blanches en travers, qui ne paroiſſent que quand l'aîle eſt ouverte. Sa queuë eſt d'un bleu foncé, blanche par le bout, comme la plupart des grandes plumes de l'aîle. Il a quatre orteils, dont un eſt par derriére. Son cri, fa maniére de fe nourrir & de frequenter des lieux ecartés, fur les riviéres, reſſemblent fort à ce qu'on rémarque dans le même oifeaux en *Angleterre*. Les lezards font fa proye ainſi que les poiſſons.

Myrtus, Brabanticae ſimilis, Carolinenſis, baccata, Fructu racemofo feſſili monopyreno. *Pluk. Alma.*

La Myrte à Chandelle.

Ces arbres font ordinairement petits; ou plûtot ce ne font que des arbriſſeaux de douze pieds de haut, dont la tige eſt tortuë, & pouſſe fes branches fort près de terre, & d'une maniére irréguliere. Ses feuilles font longues, étroites & fort pointuës: La plûpart de ces arbres ont leurs feuilles dentelées; les autres, non. Au mois de May, les petites branches ont des touffes oblongues de tres petites fleurs, qui reſſemblent, par leur figure & leur grandeur, à des chatons de coudrier. Ces touffes font placées alternativement fort proches les unes des autres, & melées de rouge & de verd. Elles font fuivies par de petites Grappes, de bayes bleuës, fort ferrées, comme des grappes de raifin. Les pépins font renfermez dans un noyau dur & oblong couvert d'une fubſtance onctueufe & farineufe; d'où l'on tire la cire dont ont fait des chandelles de la maniére fuivante. Au mois de Novembre & de Decembre, auquel temps les bayes font mûres, un homme avec fa famille quittera fa maifon pour aller dans quelque isle, ou fur quelque banc proche de la mer, là où il y a beaucoup de ces arbres. Il portera avec lui des chaudiéres pour faire bouillir les bayes, & bâtira une hute avec des feuilles de palmier, pour s'y retirer tandis qu'il demeure dans cet endroit; & c'eſt ordinairement pendant trois ou quatre femaines. L'homme abbat les arbres, tandis que les enfans cueillent les bayes, qu'ils mettent dans un écuelle avec de l'eau qu'ils bouillent jufqu'à ce que l'huile furnage. On l'enléve avec une écumoire. Ce qu'on continue jufqu'à ce qu'il n'en paroiſſe plus. Cette huile durcit comme de la cire en fe refroidiſſant. Elle eſt d'un verd fâle. En fuite on la fait bouillir encore une fois; & on la clarifie dans des chaudiéres de cuivre; ce qui la rend d'un verd tranfparent.

Ces chandelles durent long temps, & repandent une odeur agréable. On y ajoute ordinairement un quart de vif; ce qui fait qu'elles éclairent mieux.

Catesby.

Der Eisvogel.
Tab. XXXVIII
Myrtus Brabanticae similis Caroli-
nensis baccata, fructu racemoso sessi-
li monopyreno Pluk. Alma
L. M. Seligmann sculps. et excud.
M. Catesby ad viv. delin.
Ispida.
C.P.S.C.M.
No 58 JIllhal.
L'Alcyon.

G. Edwards ad viv. delin.
Cum Priv. Sac. Caes. Majestatis.
Lagopus.
N.º 39. III.Theil.
J. M. Seligmann sculp. et excud.
La Perdrix blanche.

La PERDRIX-BLANCHE.

Cet Oifeau eft d'une groffeur mitoyenne entre notre *Perdrix* commune &
le *Phaifan ;* & il eft à peu près taillé comme la Perdrix, excepté que fa
queuë eft un peu plus longue.

Le bec eft noir; les narines couvertes de petites plumes blanches qui
avancent; la machoire de deffous a auffi des plumes blanches à la racine ; les
yeux font environnez d'un petit efpace de plumes blanches ; au deffus de chaque oeil il y a une efpece de fourcils libres, attachez feulement par la racine
& s'elevant de chaque côté plus haut que la couronne de la tête, de la longueur d'un pouce, & d'un demi pouce de large, compofez d'une fubftance
femblable à du velours, ou à la peau qui eft autour des yeux d'un Phaifan , &
d'une belle couleur rouge.   La tête & le cou font d'un rouge-brun, barré en
travers de belles lignes de noir, quelque peu de plumes blanches y étant mêlées
fur le devant du cou ; le milieu du dos eft blanc, comme l'eft auffi l'aîle entiere,
excepté les tuyaux des grandes aîles, qui font noirs.   Les plumes bigarrées au
bas du cou ne fe feparent pas fort foudainnement, mais font parfemés au commencement du dos & entre le dos & les aîles ; de chaque côté il y en a auffi quelques-unes de femées fur la poitrine,& quelque peu dans les couvertures fur le haut de la queuë,
Les deux plumes mitoyennes de la queuë font bigarrées transverfalement de brun & de
noir, de la même maniere que celles du cou &c.   Les deux joignantes de chaque
côté font blanches; le refte des plumes externes de la queuë, d'un brun terni,
ou couleur noire, marquées de blanc à leurs bouts.   Le ventre, le deffus & le
deffous des aîles, les couvertures fous la queuë, les jambes & les piez jufqu'à
l'extremité des orteils, font tout couverts de plumes blanches ; celles des jambes & des piez reffemblant pluftôt à des poils qu'à des plumes: les ongles font
bruns & affez longs, mais un peu plus plats que ne les   ont communément les
Oifeaux.

La peau remplie de cet Oifeau, eft préfervée chez le Chevalier *Hans Sloane,* d'où j'en ai tiré le deffein & la defcription.   Mr. *Light*, qui eft à prefent de retour de la *Baye de Hudfon* en *Angleterre*, voyant cet Oifeau, me dit que c'étoit le
Mâle, tel qu'il paroit au Printems, lorfqu'ils muë du blanc au brun : leurs plumes
étant en hyver d'un parfait blanc de neige, excepté les externes de la queuë, qui font
noires, avec du blanc à leurs extremitez.   Ils commencent à muer dans le Printems,
& deviennent bruns fur les côtez d'en haut, le ventre reftant prefque tout blanc.

Mr. *Light* apporta avec lui un de ces Oifeaux, de la *Baye de Hudfon* &
m'en fit préfent.   Il étoit parfaitement blanc.   Il l'avoit tué là d'un coup de fufil en
hyver, & il m'affura, que de fa propre connoiffance, ces Oifeaux vers le foir fe cou-
chent eux-mêmes fous la neige, (qui dans ce pays-là eft libre & detachée comme du
fable bien fec,) où ils continuent de repofer toute la nuit & des le matin s'envolent
auffi-tôt pour fecouer la neige.   Il les a vus fouvent fe lever & a trouvé leur fiente
dans leur loge de neige.   Il dit que fuivant les obfervations qu'on en a faites , ils ne
prennent leur nourriture que le Matin & le Soir en Hyver & que pendant le milieu
du jour ils s'expofent eux-mêmes au foleil tout à leur aife.   Ils font natifs de la même *Baye*, où ils font leurs petits & paffent toute l'année ; mais ils font communs
& à l'*Amerique* & à l'*Europe.*   J'ai reçu les mêmes Oifeaux de *Norwvége* ; & tous
nos traitez ornithologiques les décrivent très-exactement & les placent fur les Montagnes de *Suiffe, d'Italie, d'Efpagne, etc.*   Il n'eft pas proprement Perdrix, mais du
genre que nous appellons en Anglois *Heath-Game* .   & Aldrovand, *Lagopus avis*
Vous le trouverez décrit dans fon habit d'hyver par *Willougbby*, Ornith. p. 176.

L'Oifeau, dont je tirai le deffein que je viens de décrire, ayant ce rouge des
Sourcils plus grand que je ne l'ai vu dans aucun de tous ceux que j'ai examinez, étant
à peine perceptible en quelques-uns lorfque leurs peaux font féches: ce qui me fait croire, que c'étoit un vieux Mâle dans la faifon de fa pleine vigueur: car nous remarquons
que les crêtes de nos communes Volailles font beaucoup plus grandes & plus rouges au
Printems qu'en hyver.   Comme j'ai trouvé que quelques particularitez que j'ai dé-
couvertes par rapport à cet Oifeau font entiérement nouvelles, j'efpere que les curieux ne regarderont pas ma peine & leur argent comme perdus, quoiqu'il ait été
décrit depuis long tems & qu'il foit bien connu des curieux.   Il a echappé à la connoiffance du Sr. *Albin.*

Edwvards.

K 2

Le RALE de l' Amerique.

Cet Oiſeau, par ſa forme & ſa groſſeur , reſſemble à nôtre Râle-noir. Tout ſon Corps eſt couvert de plumes brunes ; mais le deſſous eſt moins foncé que le deſſus. Son bec & ſes jambes ſont brunes. Ces Oiſeaux deviennent ſi gras en automne, à force de manger de l'avoine ſauvage, qu'ils ne peuvent échapper aux *Indiens*, qui en prennent un grand nombre en les chaſſant à la cour-ſe. A la *Virginie* (& c'eſt le ſeul endroit ou j'en ayë vû) ils ſont auſſi recher-chez pour leur délicateſſe, que les oiſeaux de ris à la *Caroline* ou les ortolans en *Europe*.

Gentiana Virginiana, Saponariae folio , flore coeruleo
longiore. *Hiſt. Oxon. 3.* 184. *Ico. Tab. 5. Sect.* 12.

Cette plante croît dans des foſſez & des endroits ombragez & humides. Elle s'éléve ordinairement à la hauteur de ſeize pouces. Ses tiges ſont droi-tes, garnies de feuilles longues & fort pointuës , placées vis à vis l'une de l'au-tre, & s'étendant horizontalement. Il ſort des aiſelles de ces feuilles quatre ou cinq fleurs bleuës monopétales; qui , avant que de s'ouvrir, ont la figure d'un rouleau; & lorſqu'elles ſont ouvertes , elles reſemblent à une coupe dont les bords ſont diviſez en cinq ſections.

Catesby.

Braûne Ralle. Tab. XL.

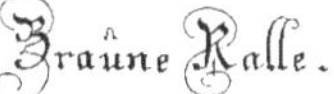

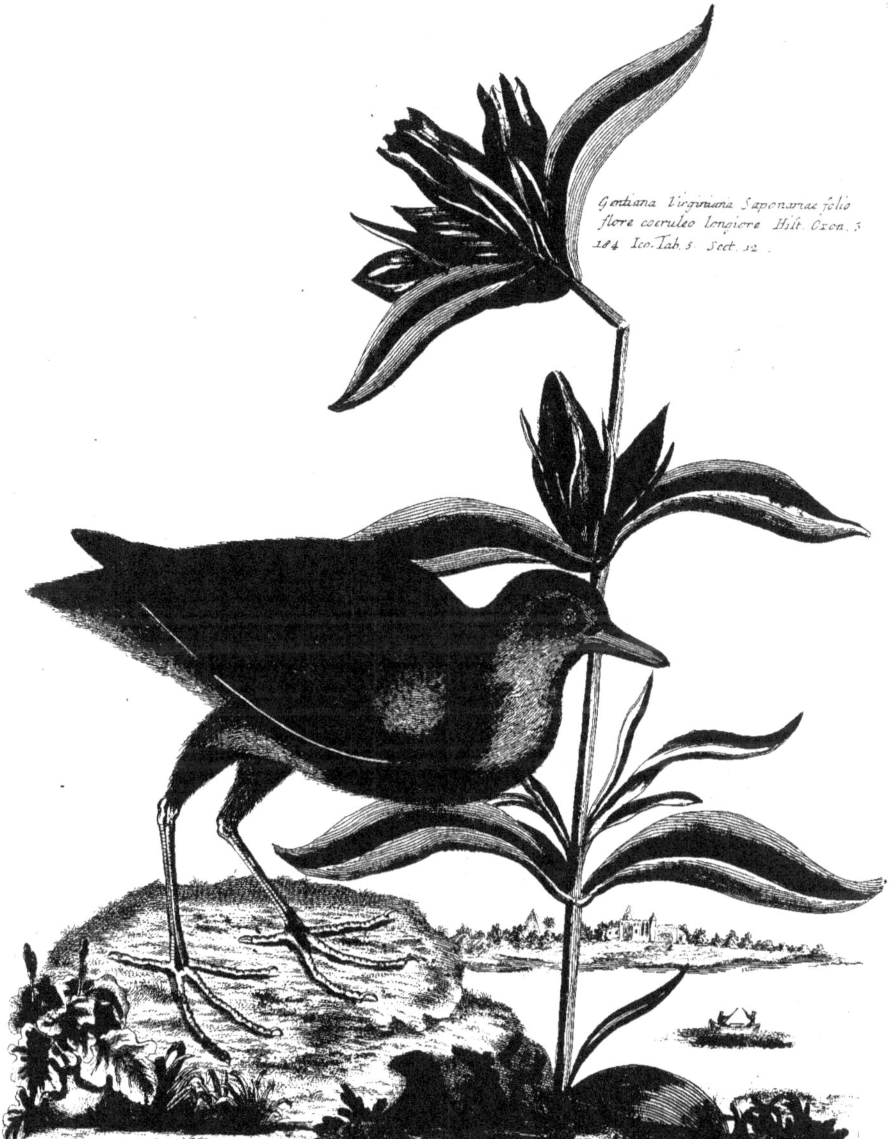

Gentiana Virginiana Saponariae folio flore coeruleo longiore Hist. Oxon. 3 284 Ico. Tab. 5 Sect. 12

M. Catesby ad viv. del. Cum Priv. Sac. Caes. Majestatis J. M. Seligmann excudit

Gallinula Americana No. 40 III Theil Le Rale de l' Amerique

Tab.XLI.
Der Trapphahn.
G. Edwards ad viv. delin.
cum Priv. Sac. Cæs. Majestatis.
N: 43. III Theil.
J. M. Seligmann sculps. et excud.
Otis, mas.
L'Outarde Male

L'OVTARDE MASLE.

La mefure de cet Oifeau d'un bout des aîles a l'autre bout, quand elles font étenduës, eſt de 7. pieds 4. pouces; de la pointe du bec juſqu'au bout des griffes, trois piez 9. pouces & demi; juſqu'au bout de la queuë, 3. piez, 6. pouces; de l'angle de la bouche juſqu'à la pointe du bec, 3. pouces & un quart; la jambe du genou juſqu'a l'extremité du talon, 7. pouces & un quart; l'orteil du milieu, près de 3. pouces; les premieres grandes plumes, 20. pouces: l'aîle, quand elle eſt cloſe, 2. piez. Il peſe 20. livres, à 16. onces par livre. Pour ajuſter cette figure à l'eſpace de ma page, j'ai reduit le piez a 3. pouces; qui ſelon ma methode de diviſer par quarrez ſolides, rendent cette figure au naturel préciſement comme 1. à 64. C'eſt certainement l'Oiſeau le plus gros que produiſent ces Royaumes de la *Gr. Bretagne* & d'*Irlande*.

Le bec eſt d'une couleur de corne clairâtre, un peu tirant ſur le jaune: les yeux ſont de couleur d'orange; la tête & le cou ſont d'un beau cendré clair tirant ſur le bleu; le devant du cou, au milieu, très-clair ou blanc. Il a de longues plumes fortans des côtez de la mandibule inferieure, qui tendent en arriere en forme de mouſtaches; mais la Femelle n'en a point. De chaque côté du cou la peau eſt denuée dé plumes, de couleur violette, laquelle peau néanmoins eſt couverte de plumes lorſque le cou eſt fort etendu. Il a un petit mêlange d'orange au milieu de la couronne: mais ce qu'il y a de plus ſurprenant dans cet Oifeau a été premierement découvert par feu Mr. Jaques *Douglaſ* Membre du College des Medicins; c'eſt une poche ou ſac pour tenir de l'eau fraîche, & en fournir l'Oifeau dans des lieux ſecs, lorſqu'il ſe trouve éloigné des eaux: l'orifice de cette poche eſt entre le deſſous de la langue & la mandibule inferieure du bec. Cette poche eſt ici repreſentée enflée par la lettre A. J'y verſai, avant que la tête en fut ſeparée, ſept pintes entieres d'eau, qui font à peu près ſept livres de notre poids commun, avant que rien en degorgeât: B, montre la trachée ou l'âpre-artere. C, le gozier ou le paſſage-ordinaire de la nourriture. La femelle n'a point de telle poche. Le bas du cou par derriere, le dos entier, le croupion, les plumes mitoyennes de la queuë & les petites couvertures des aîles, font d'un beau brun, ou plûtot orangé, barré tranſverſalement, & en quelques endroits tacheté ou parſemé irréguliérement de noir.

Le duvet aux racines des plumes par tout le corps eſt d'un agréable couleur de roſe; les plumes de côté dans la queuë font blanches, un peu nuancées d'orange clair & de bleu cendré, chacune avec une ligne tranſverſale de noir près de leurs bouts. Il a 32. ou 33. grandes plumes dans chaque aîle, les 7. ou 8 premieres d'un cendré obſcur, avec des côtes blanches: après ſuivent 15. autres plumes ayant leurs hauts à moitié blancs, & le reſte juſqu'aux extremitéz étant noir; mais le noir diminuë par degrez à meſure qu'elles approchent du corps & diſparoit entierement dans la 25. ou 26. grande plume: enſuite paroiſſent cinq ou ſix autres purement blanches; le reſte compoſé de trois ou de quatre joignant le dos, de même couleur que le dos même. Toute cette partie de l'aile qui tombe ſur la poitrine & ſur le ventre eſt blanche, un peu nuancé he de cendré-clair, laquelle blancheur tient tout le bas de l'aîle, quand elle eſt cloſe, depuis l'épaule, preſque juſqu'au bout de l'aîle. La poitrine, le ventre, les cuiſſes, les couvertures au bas de la queuë, les côtez ſous les aîles, & les couvertures des ailes du côté en dedans ſont purement blanches. Les jambes ſont fortes, couvertes de petites écailles; les piez ſont épais & groſſiers; il a le talon rond & trois orteils, qui font courts à proportion de l'Oiſeau, tous appuyez ſur le devant: les griffes ſont fortes, mais peu aiguës; & les jambes & les piez ſont d'une couleur de chair ternie, tirant ſur le cendré.

Ceux, qui voudront voir l'Anatomie de cet Oiſeau, peuvent conſulter les *Memoires de l'Acad. Royale des Sciences de Paris* depuis 1666. juſqu'en 1669. Tome III. Part. 2. p. 101. où l'on trouve la Deſcription Anatomique de 6. Mâles, dans laquelle on ne voit point la découverte du curieux réſervoir pour l'eau, le principal uſage duquel je crois être pour la femelle, tant qu'elle couve ſes oeufs, & pour ſes petits, avant qu'ils ſoient en état de voler & de s'aider eux-mêmes, pour trouver de l'eau.

Cet Oiſeau me fut donné en préſent tout frais & en bon état par Mr. *Daniel Gwilt* dans *Milk-ſtreet* à *Londres*, mon bon Parent & très-eſtimable ami. J'ai appris d'un Gentil-homme de *Norfolk* très-curieux, qui en a pezé pluſieurs mâles des plus grandes, qu'ils ont quelques fois excedé le poids de 27. Livres, a 16. onces la livre.

Edvvards.

PLUVIEUR CRIARD.

Cet Oifeau eft à peu près de la taille des plus groffes Becaffines. Ses yeux font grands, entourez d'un cercle rouge. Vne bande noire s'étend depuis fon bec jufque fous fes yeux Le devant de fa tête eft blanc: au deffus elle eft noire: tout le refte en eft brun. Sa gorge & le tour de fon cou font blancs; & au deffous il y a une large bande noire, qui entoure fon cou. Vne autre bande de la même couleur traverfe fa poitrine, depuis le haut d'une aîle jufqu'à celui de l'autre. Hors cela fa poitrine & fon ventre font entierement blancs. Son dos & fes aîles font prunes. Les grandes plumes de l'aîle font d'une couleur plus foncée. Les petites plumes du croupion, qui couvrent les trois quarts de fa queuë, font d'un rouge jaunâtre. Le refte de fa queuë eft noir. Ses jambes & fes pieds font couleur de paille. Il n'a point d'orteil par derriere. Ces Oifeaux font fort communs à la *Virginie* & à la *Caroline*, & font grand tort aux chaffeurs; car ils donnent l'allarme au gibier par leur cri perçant. On les appelle *Kill-deers* a la *Virginie*, à caufe que leur cri a quelque reffemblance avec le fon de ce mot. Ils demeurent toute l'année à la *Caroline* & à la *Virginie*. Il n'y a pas grande difference entre les plumes du Mâle & celles de la Femelle.

Frutex foliis oblongis acuminatis, floribus fpicatis univerfe difpolitis.

L'Ozeille Arbre.

Le tronc de cet arbre eft ordinairement de cinq ou fix pouces de diamêtre & s'éléve à la hauteur d'environ vingt pieds, avec des branches fott minces, garnies de beaucoup de feuilles, qui reffemblent à celles du poirier. Des extremitez de ces branches naiffent de petites fleurs blanches monopetales, comme celles de l'Arboufier. Elles font attachées fort proche les unes des autres, par des pédicules très courts, fur une côté feulement de plufieurs tiges tres minces qui pendent à un côté de la principale branche.

Catesby.

Der Schreÿgibiz.
Tab. XLII.
Frutex folÿs oblongis acuminatis floribus
spicatis unoverſu dispoſitis.
M. Catesby ad viv. delin.
Cum Priv. Sac. Caes. Majeſtatis.
No. 42 III Iheil.
I. M. Seligmann excud. Norimberg.
Pluvialis vociferus
Pluvieur Criard.

Tab. XLIII.
Die Trapphenne.

G. Edwards ad viv. delin.
cum Priv. Sac. Caes. Maiestatis.
J. M. Seligmann sculps. et excud.
Otis foemella.
N.º 43 III Theil
L'Outarde Femelle

Cet Oifeau étoit fi différent du Mâle en grandeur, que je l'aurois pris pour un petit qui n'a pas encore atteint toute fa crue, fi je ne l'avois apporté à *Londres* au commencement de *May*, auquel tems je fuppofe que ces Oifeaux, ou ne font encore que de petits pouffins, ou ont déja atteint leur grandeur naturelle, comme l'ont en effet, tous les Oifeaux que je connois en *Angleterre*, long tems avant qu'ils ayent un an complet. La mefure de cette Femelle, d'un bout des aîles étendues jufques à l'autre, n'eft que 66. pouces, quoique le Mâle en ait 88.; les mefures font encore moindres dans toutes fes autres parties, environ à la même proportion. Maintenant, fi on calcule la difference entre les quantités de deux carrez folides, où quelque partie de la furface que ce foit eft comme 66. à 88 apres que chaque nombre aura été doublement multiplié par lui-même, la difference de la quantité entre le Mâle & la Femelle fera comme 678, 172. a 287, 496.; ce qui fait voir que la femelle n'a pas à beaucoup près la moitié de la quantité du Mâle; & c'eft la plus grande difproportion que j'aye encore obfervee entre les Males & les Femelles ' 'que genre que ce foit. Dans les Oifeaux de proye les Femelles generalem... .cedent la groffeur des Mâles.

Le bec de cet Oifeau eft de méme couleur & de même taille que celui du Mâle; la langue eft aiguë & dentée de chaque côté. Le dedans de la bouche eft d'une couleur de chair pâle; il ne lui manque que le refervoir d'eau, n'y ayant aucun paffage fous la langue comme dans le mâle. Les yeux font orangez ou de couleur d'or; la tête dft d'un brun terni, tirant fur le cendré, excepté la couronne, qui eft d'un orange vif, avec des lignes traverfieres de noir. Le devant du cou eft d'un cendré bluâtre; le derriere du cou, le dos, les aîles, & la queuë, font comme dans le Mâle, 'mais non pas de couleurs fi vives. L'aîle differe de celle du Mâle en ce que le bord qui tombe fur la poitrine & le ventre, eft couvert de plumes noires; & que le blanc qui court le long de l'aîle, quand aîle eft clofe, n'eft pas fi large que dans le Mâle. Les plumes de côté de la queuë, font blanches aux deux extremites, avec une tache rougeâtre dans leur milieu & des barres tranfverfales rompues près de leurs bouts. Les grandes plumes font noires, auffi loin qu'elles paroiffent decouvertes, leurs hauts etant blancs; le dedans des aîles, & tout le deffous eft blanc, comme dans le Mâle. Les jambes, les piez les ongles, pour la taille & pour la couleur, conviennent dans l'un, & dans l'autre. Quelques-unes des premieres plumes ont des tuyaux blancs.

Cet Oifeau a déja été décrit briévement par *Willoughby* où il y a une groffe méprife dans la mefure de fa longueur du bec jufqu'au bout de la queuë, qu'il fait de 60. pouces. *Albin* l'a tranfcrit & provigné l'erreur; ce qui montre qu'il n'a jamais examiné, ni peut-être vû l'Oifeau: car les figures qu'il nous donne du Mâle & de la Femelle font prifes de la planche des *Memoires de l'Acad. Royale*. Il a donné à la femelle les longues plumes ou mouftaches, qui ne paroiffent, comme de raifon, que dans le Mâle; & n'a pas donné à la Femelle un mot de defcription, parce qu'il n'en trouvoit aucune à copier dans aucun auteur. Ainfi il eft certain que fa figure de la Femelle eft une pure fiction. Cependant comme ces Oifeaux font des premiers dans leur nature & que nous n'en avons aucune hiftoire complette, & que la decouverte pleine & entiere du refervoir d'eau dans le Mâle, eft tout à fait nouvelle, je me flatte que les Curieux ne regarderont pas en pure perte la publication que je fais de ces figures & de ces defcriptions Mr. *Willoughby* nous apprend qu'ils vivent de grain, de femences d'herbes, de chou, de feuilles de dents, de lion &c. On les trouve dans des campagnes pleines & ouvertes en divers lieux d'*Angleterre*, mais particulierement dans la *Plaine-de-Salisbury*; & voilà pourquoi j'ai décoré cette figure de la vuë éloignée de l'Antiquité, nommée communément *Stonehenge*. Je dinai de la femelle ici décrite avec feu Mr. le Docteur *Douglaff* à qui je l'avois procurée, & je la trouvai, fur-tout la chair de la poitrine, très-courte & tendre & d'un gout fort relevé. Les auteurs qui ont traité de cet Oifeau font, *Pierre Bellon*, de la *Nat. des Oif.* p. 276. *Willoughby*, *Ornith.* p. 178. Tab. 32. *l'Hiftoire Nat. des Anim.* de l'Acad. R. des Sciences à *Paris*, année 1702. On peut fe paffer de confulter *Albin*, puifque fes figures font copiées de celles de l'Academie de *Paris*, & fes Defcriptions de *Willoughby*. Il avoit été informé par le Dr. *Douglaff* du réfervoir dans le Mâle, qu'il s'eft contenté de mentionner; mais ne l'ayant pas vû, il ne favoit rien de fa fituation, ni de fa capacité, le Docteur n'ayant pas encore fait la demonftration de la verité du fait. Le Dr *Th. Moffet*, dans un *Traité de la Nature des Alimens & de leurs préparations*, compte *l'Outarde* entre les mangers les plus délicats & les plus fains.

Edwards.

TAB. XLIV.

ALLOUETTE DE MER.

Elle a une petite tête à proportion de son corps. Son bec est droit, noir & conique, d'un pouce de longueur. Tout le dessus de son corps est brun, avec un mélange de blanc & de noir. Les grandes plumes des aîles sont d'un brun obscur. Son cou & sa poitrine sont noirs; ses jambes & ses pieds d'un rouge clair. Cet oiseau, dont nous avons donné la figure, vola dans notre vaisseau, dans un voïage en *Amerique*, Anno 1722, sous la latitude de 31. degrès, a 40. Lieues de la cote de la *Floride*, & y fut pris. Il étoit fort adroit à tourner les pierres, que nous avions mises en sa cage; mais faute d'y trouver sa nourriture ordinaire, il mourùt. Dans cette action il se servoit seulement de la partie superieure de son bec tournant avec beaucoup d'adresse & fort vîte des pierres de trois livres de pésanteur. Il semble que la Nature lui ait donné cette proprieté pour trouver ainsi sa nourriture, qui consiste probablement en vers & en autres insectes, qui se trouvent sur les cotes de la mer. En comparant cet oiseau avec la description que *Mr. Willoughby* donne de l'Allouëtte de mer dans son *Ornithologie*, que j'avois alors à bord, je trouvai que c'étoit la même espèce.

Arbor maritima, foliis coniugatis pyriformibus apice
in summitate instructis floribus racemosis luteis.

Cette plante s'éléve ordinairement jusqu'à la hauteur de quatre ou cinq pieds. Elle pousse plusieurs tiges droites & ligneuses, d'où d'autres plus petites & solitaires sortent à chaque distance de six pouces l'une vis à vis de l'autre. Les feuilles sont rangées de même deux a deux, attachées â des pédicules d'un demi pouce de long; étant fort étroites proche les pédicules, & larges vers le bout pointû. Ils ressemblent assès à une poire. Les fleurs croissent en bouquet, vers les extremités des branches, sur des pédicules courts. Chaque fleur à part est en forme de cloche, avec des étamines jaunes.

Catesby.

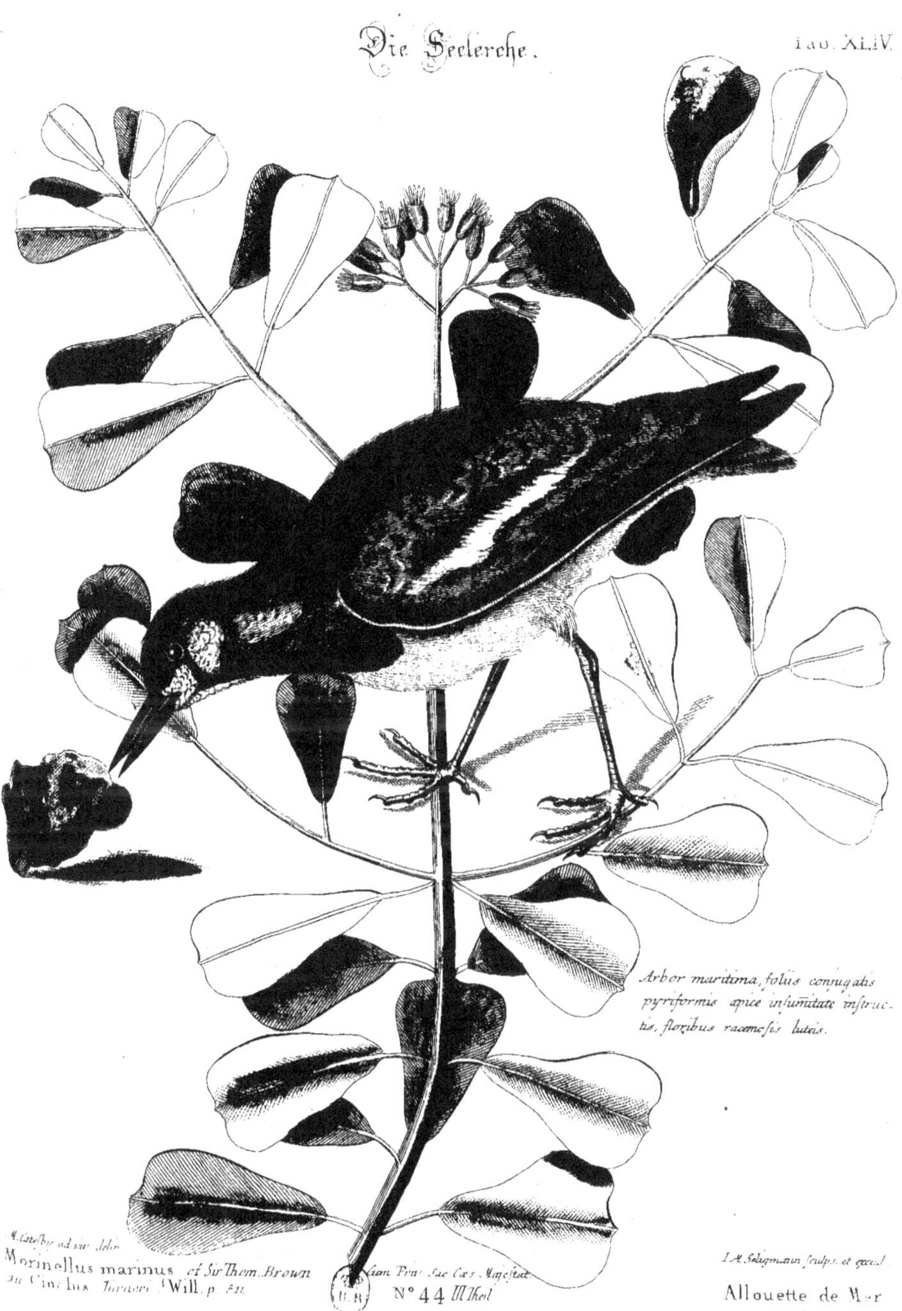
Die Seelerche.
Tab. XLIV.
Arbor maritima, foliis coniugatis
pyriformis apice inhumitate instruc-
tis, floribus racemosis luteis.
M.Catesby ad viv. delin
Morinellus marinus of Sir Thom. Brown
au Cinclus Turneri Will. p. 311
Cum Priv. Sac. Cæs. Majestat.
N° 44 III Theil
J. M. Seligmann sculps. et excud.
Allouette de Mer

Tab. XLV.
Die Taube mit dreieckichten Flecken.
G. Edwards ad viv. delin.
Cum Priv. Sac. Caes. Majestatis.
I. M. Seligmann Sculp. et excud.
Columba, maculatis triquetris notata.   N.º 45.
Le Pigeon aux taches triangulaires.

Le PIGEON aux taches triangulaires.

Cet Oiseau est de la figure & de la grosseur de la grande sorte des *Pigeons* domestiques, élevez communément dans nos maisons. Le bec est d'une couleur sombre ou noire, taillé comme dans les Pigeons communs ; la petite éminence entre les narines, cendrée; l'iris de l'oeil, d'un jaune vif, tirant sur la couleur d'or; autour de l'oeil il y a un bon espace de peau, d'un rouge vif, sans plumes, dont l'un des coins s'etend jusqu'à l'angle de la bouche, & l'autre vers le derriere de la tête. La tête entiere, le cou; le ventre, les cuisses & les couvertures sous la queuë, sont d'un cendré clair; autour des bords rouges, qui environnent les yeux, dans le ventre inferieur & sous la queuë le cendrè s'évanouit par deg-gues presque jusques au blanc. Les plumes tout autour du cou aboutissent en pointes ai-gues & sont teintes sur leurs bords d'une couleur de vin rouge Le haut du dos, toutes les couvertures des aîles & quelques-unes des grandes plumes joignant le corps, sont d'un agréable brun, tirant sur le rouge, ou plûtot sur la couleur de rose, & dans certaines positions vers la lumiere, il montre quelque peu de violet. Toutes les couvertures des aîles & quelques unes des grandes plumes joignans le corps, sont agréablement marquées de taches blanches triangulaires, plus grandes ou plus petites selon que les plumes ont plus ou moins de grandeur, & sont placées sur la pointe de chaque plume avec leurs angles les plus aigus vers les racines, & leurs cotez les plus petits vers le bouts des plumes. Les grandes plumes sont noires, les bords de leurs barbes étant d'un cendré-clair la moitié la plus basse du dos & le croupion sont blancs; les plumes qui couvrent la queuë d'un cendré clair, les plumes mêmes de la queuë, d'un cendré obscur, noir au bout de toutes les plumes plus d'un pouce épais. Les jambes & les piez sont comme ceux des autres pigeons d'un rouge modique & les ongles sont bruns.

Je dessinai l'original sur lequel cette planche a été gravée il y a dé-ja quelques années chez Mylord Duc de *Richmond* à *Londres*, où je vis un couple de ces Oiseaux: celui qui les lui présenta, lui fit entendre qu'ils avoient été apportez des parties Mediterranées de la *Guinée* en *Afrique*. Naturellement c'est une espece de Pigeons sauvages. Je n'en ai pas rencontré beaucoup de cet-te sorte, qui excellassent celui-ci, ou dans la vivacité des couleurs, ou dans l'élégance des taches.   *Edvvards.*

FLAMANT.

Cet Oiſeau eſt deux ans avant de parvenir à la perfection de ſa couleur. Alors il eſt entierement rouge, excepté les plumes du fouet de l'aîle, qui ſont noires. Lorſqu'il a achevé ſa crue, il eſt au même poids qu'un Canard ſauvage; & lorſqu'il ſe tient de bout, il a cinq pieds de haut. Ses pieds ſont garnis de membranes comme ceux des oyes. Sa chair eſt très delicate, & approche beaucoup de celle de la Perdrix; mais ſur tout la langue etoit fort eſtimée par les *Romains* les plus voluptueux, à cauſe de l'excellence de ſon fumet.

Ces oiſeaux font leurs nids dans des eaux baſſes, ſur de petites éminences, ſur leſquels ils ſe poſent avec les jambes pendantes, comme un homme aſſis ſur un tabouret. Ils font leurs petits a la Côtè de *Cuba*, & des Isles *Bahama*, & ne frequentent que l'eau ſalée.

Vn homme en ſe cachant de maniere qu'ils ne puiſſent le voir, en peut tuer un grand nombre; car le bruit d'un coup de fuſil ne leur fait pas changer de place, ni la vuë de ceux qui ſont tuéz tout proche d'eux n'eſt pas capable d'épouvanter les autres, ni de les avertir du danger où ils ſont; mais ils demeurent les yeux fixes, & pour ainſi dire, étonnez, juſqu'à ce qu'ils ſoient tous tuez, ou du moins la plûpart.

Cet oiſeau reſſemble beaucoup au Heron par ſa figure, ſi vous en exceptez le bec, dont je donnerai la deſcription & la figure en grand, dans la planche ſuivante à cauſe de ſa ſingularité.

Keratophyton Dichotomum fuſcum.

Cette plante s'éléve d'une tige courte, d'environ deux pouces de circonference, & à peu près de la même hauteur. Alors elle ſe diviſe en deux branches principales, chacune deſquelles ſe partage en deux plus petites, & ainſi ordinairement à la diſtance de trois ou quatre pouces. Chaque branche ſe ſubdiviſe en deux plus petites, juſqu'a ce que les branches ſupérieures ſoient devenuës auſſi minces qu'une plume de corbeau. Toutes ces branches ſont ſouples, comme de la corne ou de la baleine, & d'un brun foncé. On trouve un grand nombre de ces plantes aux fonds des eaux baſſes & des canaux des Isles *Bahama*. Comme l'eau y eſt fort claire, je les y ai vus diſtinctement qui croiſſoient ſur des rochers blanches, à plus de dix braſſes ſous l'eau.

Catesby.

M. Catesby ad viv. delin.   Cum. Priv. Sac. Caes. Majest.   I. M. Seligmann. sculp. et excud.

Phoenicopterus Bahamensis.   N.º 46 III Theil.   Flamant.

G. Edwards ad viv. delin.   Cum Priv. Sac. Caes. Majestatis.   I. M. Seligmann sculp. et excud.

Turtur Indicus, fuscus.   Nᵒ. 47. III Theil.   Le Pigeon brun des Indes.

Le PIGEON-BRVN, des Indes.

Ce Pigeon eſt de la groſſeur du petit *Pigeon blanc*, que nous n'élevons parmi nous qu'en cage : ſa figure ici repréſentée approche beaucoup de ſa véritable grandeur.

Le bec eſt d'un noir terni ; le cercle autour de l'oeil , d'une écarlate très - vive , tirant ſur la couleur d'or ; les yeux ſont entourez d'un eſpace de peau nuë , d'un beau bleu , qui atteint les coins de la bouché de chaque côté en devant, & en derriere ſe termine en angles par delà les yeux. Le devant de la tête, le cou & la poitrine ſont d'un brun jaunâtre clair ; le derriere de la tête & le cou ſont d'un brun plus obſcur. Au deſſous des oreilles, de chaque côté, il y a une longue marque noire, placée tranſverſalement, compoſée de plumes très-courtes; ſi bien qu'elle ne paroit pas, à moins que le Pigeon n'étende un peu le cou. Les plumes au deſſous de ces marques ont un luſtre de violet. Le haut du dos, le couvertures des aîles, & quelques-unes des grandes plumes joignant le dos, ſont d'un brun ſombre & rouſſâtre, qui ſe change quelquefois en traits de bleu ; les grandes plumes les plus externes ſont noires, leurs bords étant plus clairs ; les grandes plumes du milieu ſont noires avec des rebords blancs aſſez profonds; les couvertures de même qui couvrent les grandes plumes, ont des grandes bordures blanches à leurs extremitez, qui forment une barre oblique à travers l'aîle. L'endedans des aîles, le ventre & les couvertures ſuperieures de la queuë ſont d'un cendré obſcur; les plumes mitoyennes de la queuë ſont du même brun que le dos & les aîles; & tout le reſte des plumes de chaque côté ſont d'un cendré obſcur, avec des bouts blancs d'environ un pouce de profondeur. Il hauſſe frequemment & ſoudainement la queuë , ce que je n'ai pas obſervé en d'autres Pigeons. Les jambes & les piez ſont couverts d'ecailles rouges ; les ongles ſont bruns.

Mon deſſein fut tiré d'après l'Oiſeau même vivant & en bon état par rapport à ſon plumage. Il appartenoit à *Mr. Taylor White*, & on me fit entendre qu'il venoit des *Indes Orientales*; mais je ne ſaurois trouver aucune deſcription qui lui convienne.

Edvvards.

M 2

Le Bec du Flamant de fa grandeur naturelle.

Il n'eft pas neceffaire que j'entreprenne de décrire le forme de fon bec, autrement que le Dr. *Grevv* ne l'a fait dans l'ouvrage intitulé *Mus. R. p. 67.*
Voici fes propres paroles. ,, La figure de chaque mandibule eft veritablement
,, hyperbolique. Celle de deffus eft rélevée par derriere; plate par devant;
,, pointuë comme une épée, & un peu courbée à fon extremité. Elle a en de-
,, dans un angle, ou un filet, fort etroit qui s'ètend depuis un bout jufques à
,, l'autre, & la fépare par le milieu; n'ayant pas plus d'un quart de pouce au
,, haut de l'hyperbole. La mandibule inférieure eft dans le même endroit de plus
,, d'un quart de pouce, & un peu convexe. Elles font toutes deux garnies
,, de dents noires, car c'eft ainfi que je les appelle à caufe de leur ufage. Ces
,, dents font d'une figure extraordinaire, minces, en grand nombre, & paralel-
,, les comme celles d'un peigne d'ivoire, de plus, fort courtes, ayant à peine
,, un quart de pouce de profondeur ; invention admirable de la Nature, par le
,, moyen de laquelle & du filet ci-deffus mentionné, cet oifeau tient plus fer-
,, me fa proye gliffante. ,,

     Lorfqu'ils mangent & c'eft toujours dans une eau baffe, en ployant
le cou, ils font toucher à la terre la partie fuperieure de leur bec. Leurs pieds
cependant fe remuent fans ceffe en haut & en bas, dans la vafe; & par ce moyen
ils élèvent une petite graine ronde qui reffemble au millet: Ils la reçoivent dans
leur bec. Et comme ils ne peuvent s'empêcher d'y reçevoir en même temps
un peu de limon, la nature a garni les bords de leur bec d'un crible, ou de dents,
commes celles d'un peigne fin; par le moyen defquelles ils retiennent leur nourriture, & rejettent le limon qui eft entré avec elle. C'eft ce que j'ai appris de
perfonnes dignes de foi, car je n'ai jamais vû moimême ces oifeaux manger.
C'eft pourquoi je ne fçaurois refuter abfolûment l'opinion de ceux qui difent
qu'ils fe nourriffent de poiffon, & fur tout d'anguilles; & il femble que c'eft
que le Dr. *Grevv* a entendu par cette proye gliffante, qu'il dit que leurs dents
font faites pour retenir. L'exact Dr. Jacques *Douglafs*, a publié une ample &
curieufe defcription de cet oifeau, dans les *Phil. Trans.* Num. 350.

Keratophyton fruticis fpecie nigrum.

Cette efpéce différe de la précédente en ce qu'elle eft noire, & qu'elle a une
groffe tige, comme le tronc d'un arbre, qui paffe par le milieu de toute la
plante, & envoye plufieurs groffes branches, d'où fortent les petits rejettons,
qui font plus tortus, & plus minces que ceux de l'efpéce precédente ; en forte
que cellè-ci reffemble en gros à un arbre fans feuilles. Elle vient fur des rocs
dans les mêmes endroits que la précédente.

Catesby.

Der Schnabel des Phoenicopters in natürlicher Grösse.
Tab. XLVIII
Keratophyton fruticis speae nigrum
C.P.S.C.M.
N.° 48. III Theil.
M. Catesby ad viv. delin.
J.M. Seligmann sculps. et excud.
Caput Phoenicopteri naturalis magnitudinis.
Le Bec du Flamant de grandeur naturelle

g. Edwards ad viv. delin.

C. P. S. Cæs. Majestat.

I. M. Seligmann sculp et excud

Nᵒ. 40 III the:

Icterus Indicus, capite nigro.

Le Loriot à tête noire des Indes.

Le LORIOT a Tête-noire des Indes.

Cet Oiseau est figuré de sa taille naturelle, qui est fort semblable à celle de la *Grive;* mais il a le bec un peu plus fort à proportion.

Le bec est d'un blanc tirant vers le brun, ou couleur de chair ternie, La tête & le bas du cou est noir; elle a un lustre de pourpre & le jaune endenté avec le noir aux côtez du cou, comme la figure le montre. Le corps entier, les couvertures des aîles en de hors & en dedans, & presque tonte la queuë est d'un jaune agréable & éclatant: les grandes plumes, c'est à dire les plus externes sont noires, leurs bords vers leur naissance étant un peu jaunes; le reste des grosses plumes joignant le corps sont pointillées de jaune, laquelle couleur s'étend quelque peu le long de leurs barbes externes; les bouts des couvertures, dans l'endroit où elles tombent sur les grandes plumes, sont jaunes, ce qui forme une tache distincte de jaune un peu au dessus du milieu de l'aîle, comme sont les extremités des plumes internes un peu plus bas. Il y a un petit mêlange de jaune & de noir au haut des aîles dans la partie supérieure. La queuë est composee de 12. plumes jaunes d'une égale longueur, les deux plus mitoyennes seulement ayant une barre noire, chacune en travers, de la largeur environ d'un pouce, vers leurs extrémitez. Les extrémitez même pour un petit espace étant jaunes. Les jambes & les piez sont d'un noir sombre & bluâtre. Il a 4. orteils à chaque pié, qu'il appuye à la maniere ordinaire; les ongles sont noirs & assez forts.

C'est a Mr. *Joseph Dandridge*, dans le *Moorfields*, que j'ai l'obligation de cet Oiseau. Il l'avoit reçu d'un Parent qu'il a à *Bengale*, dans les *Inde Orientales;* je lui ai donné le nom *d'Ic̈terus*, connu parmi les *Romains* & qui se rapporte au *jaune* de son plumage. Je l'ai nommé ainsi à cause de sa ressemblance à un Oiseau qui passe d'un pays plus chaud, en Eté, dans les parties Meridionales de l'*Europe*, & qu'Aldrovand a prononcé le vrai *Ic̈erus* de *Pline*, c'est à dire, le *Loriot* ou l'*Oiseau Jaune;* à ce nom general j'ai ajouté au mien, par voye de distinction, *à la tête-noire*, parce que l'autre a la tête toute jaune, excepté une ligne noire de chaque côté des coins de la bouche jusqu'aux yeux. Les couvertures des aîles dans l'autre sont noires, & dans le mien jaunes: le corps entier, dans l'un & dans l'autre, est tout à fait jaune, & on les trouve tous deux dans le pays de *Bengale*, ce qui leur donne à chacun le droit d'allonger leur nom, comme j'ai fait au mien. Ceux qui voudront savoir la différence qu'il y a entre ces deux Oiseaux, trouveront l'autre très-bien décrit dans l'*Ornithologie* de *Willoughby* p. 198. sous le nom de *Witvvall;* & tres-mal par *Albin* dans son *Hist. des Ois.* Vol. I. p. 19. où il le nomme l'*Oiseau Jaune de Bengal* & reconnoit de ne l'avoir vû qu'en peinture. J'ai par devers moi des desseins de ces 2. Especes, tirez d'après nature & sur des modeles très-parfaits. L'Oiseau ici figuré sera nouveau, j'en suis sûr, pour les Curieux dans cette partie du Monde. Je n'en ai trouvé ni figure, ni mention dans aucun *Voyage*, ou *Histoire Naturelle* quelle que ce soit.

Edvvards.

Grue blanche de l'Amerique.

Elle eſt a peu près de la groſſeur de la Gruë commune. Son bec eſt brun, & long de ſix pouces. Les bords des deux mandibules ſont dentelés, de la longueur d'un pouce & demi vers le bout. Vn canal large & profond s'étend depuis ſa tête plus loin que le milieu de ſa mandibule ſupérieure. Ses narines ſont fort larges. Vne large raye blanche deſcend obliquement depuis ſes yeux juſques à ſon cou; hors cela toute ſa tête eſt brune. La couronne de ſa tête eſt calleuſe & fort dure, garnie de quelques poils durs, noirs, clairs-ſemez. Ils ſont couchez & ſi fins, que la peau paroît toute nuë, & d'une couleur de chair rougeâtre. Derriére ſa tête il y a une petite touffe de plumes noires. Les grandes plumes de ſes aîles ſont noires auſſi. Tout le reſte de ſon corps eſt blanc. J'ai fait cette deſcription ſur une peau entiére d'un de ces oiſeaux, dont un *Indien* me fit préſent. Il s'en ſervoit comme d'un ſac à mettre ſon tabac. Il me dit, qu'un grand nombre de ces Oiſeaux fréquentent le bas des riviéres proche de la mer au commencement du printemps & retournent dans les montagnes en été. Cette relation m'a été depuis confirmée par un Blanc, qui ajouta, qu'ils font un grand bruit par leur cri; & qu'illes a vûs à l'embouchûre de la *Savanna*, *Aratamaha*, & autres riviéres proche St. *Auguſtin;* mais qu'il n'en a jamais vû aucun auſſi avant vers le nord que les habitations de la *Caroline.*

Brunus Buxi folio cordato fruƈtu nigro, rotundo.

Arbriſſeau dont les fruits reſſemblent à des Balles de
mouſquet.

L' Endroit le plus gros de la tige de cet arbriſſeau excède rarement la groſſeur de la jambe d'un homme. Sa hauteur eſt d'ordinaire de cinq pieds. Ses branches naiſſent proche de la terre, & s'étendent beaucoup. Ses feuilles ſont roides comme celles du bouïs, & environ de la même grandeur, avec des entailleures à leurs extremitez. Les bayes pendent aux plus petites branches. par des queuës qui n'ont pas un demi pouce de longueur. Elles ſont rondes, un peu plus groſſes qu'une ceriſe noire, d'un noir tirant ſur le bleu. Elles ne contiennent chacunes qu'un ſeul noyau.   *Catesby.*

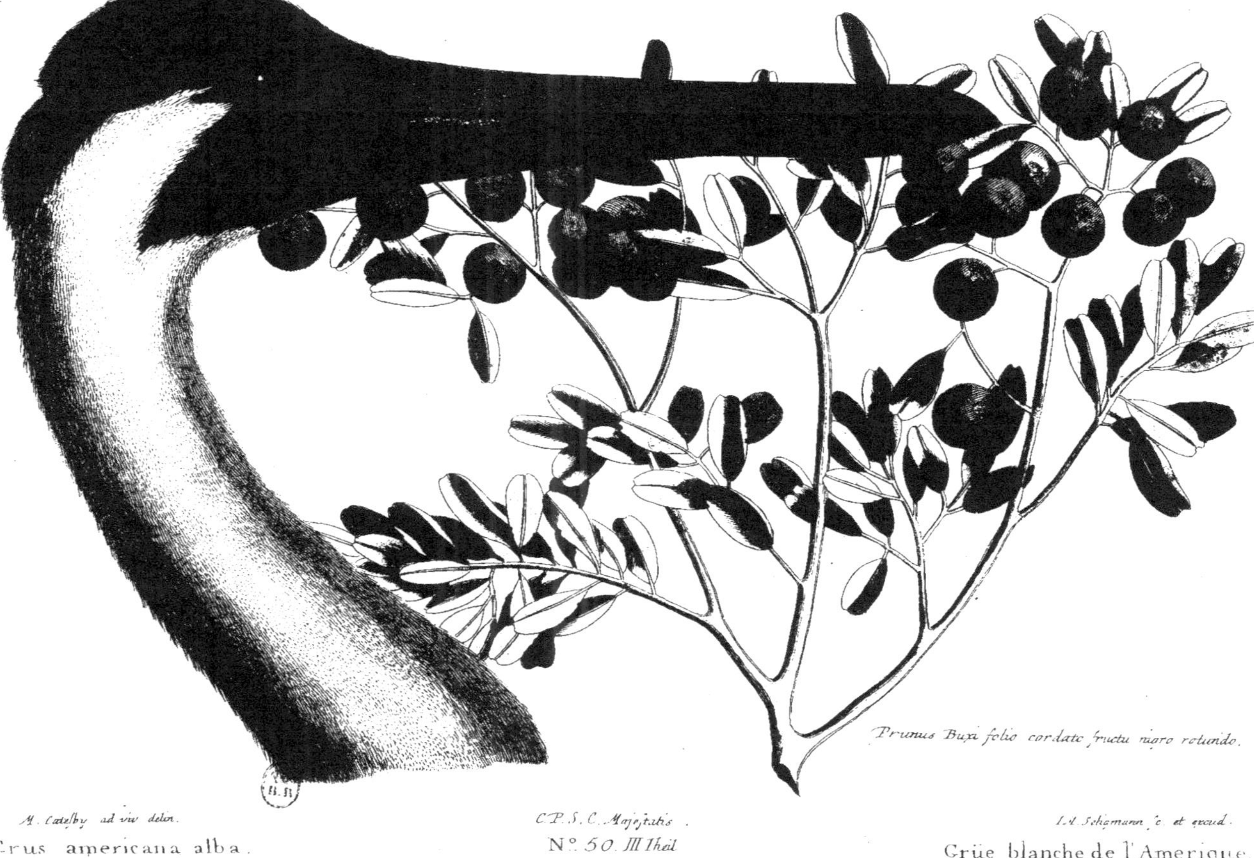

Prunus Buxi folio cordato, fructu nigro rotundo.

M. Catesby ad viv. delin.   C.P.S.C. Majestatis.   I.M. Seligmann sc. et excud.

Grus americana alba.   N.º 50. III Theil   Grüe blanche de l'Amerique.